瀧音能之 編

聖徳太子に秘められた古寺・伝説の謎

正史に隠れた
実像と信仰を探る

ウェッジ

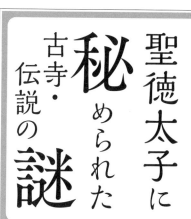

はじめに――聖徳太子の謎と魅力

時を越えたヒーロー・聖徳太子

いつの時代でも聖徳太子《しょうとくたいし》の人気は高いが、とくに令和三年（二〇二一）は、聖徳太子にとって特別の年になりそうである。それは、聖徳太子千四百年御遠忌《ごおんき》だからである。

聖徳太子が亡くなって千四百年ということで、奈良国立博物館や東京国立博物館での展示をはじめ、さまざまな催しが企画されている。コロナ禍の現在、命の大切さを再確認し、聖徳太子に心の安らぎを求める人も少なくないのではなかろうか。

昨今、歴史上の人物の再評価がさかんである。その結果、評価が変わった人物も少なくない。聖徳太子もその一人といえよう。しかし、聖徳太子の場合、他の人々とは少し扱いが違うように思われる。

そもそも聖徳太子が活躍したのは、七世紀前後の飛鳥朝《あすか》、すなわち、日本で初めての女帝とされる推古《すいこ》天皇の時代である。そして、興味深いことは、八世紀初めに成立した『日本書紀《にほんしょき》』には、その超人ぶりがすでに記述されていることである。太子の死後、およそ百年を経て完成した『日本書紀』に太子が伝説化されているということは、太子の死後、あまり時を経ずして、そうした動きが起きていたことがうかがわれるのである。

百年といえば、一人の人間が伝説化する時間としては、さほど長いとはいえない。その点においても聖徳太子は特別な人物といえるであろう。

そして、現代でも聖徳太子といえば、日本人なら誰でも知っているといってもよいほど有名な「超人」といえるであろう。

聖徳太子のいま

もちろん、聖徳太子の評価が古代から現代まで変わらなかったわけでは決してない。とりわけ、昨今の太子をめぐる評価は見逃すことができないといえるであろう。たしかに、太子の超人性については、これまで疑念が出されなかったわけではない。しかし、それは聖徳太子を否定するまでには至らなかったように思われる。

それがここにきて、聖徳太子を全否定する考えが古代史研究者たちによっていわれるようになった。つまり、用明《ようめい》天皇と穴穂部間人皇女《あなほべのはしひとのひめみこ》との間に生まれた皇子として厩戸《うまやと》という一人の人物はいたかもしれないが、わたしたちの知る超人的な聖徳太子は実在していなかったというのである。

聖徳太子の超人性については、一見して誰しもがにわかに信じられないものも多く見られるが、それらを含めて、太子の業績の全般にわたって検討を加えた結果、その多くは太子がなしたものではないというのである。歴史研究者たちからのこうした指摘は大きなインパクトをもたらした。それは、聖徳太子の表記に端的にあらわれるようになった。

高等学校の日本史教科書には、もちろん聖徳太子についての叙述が見られ、そのさいの表記は、「聖徳太子」があたりまえであった。それが、いつしか「聖徳太子（厩戸皇子）」と記されるようになり、昨今は、「厩戸皇子（聖徳太子）」とする教科書がみられるようになってきた。この流れでいくと、教科書から「聖徳太子」という表記がみられなくなる日が来るかと思われたが、そう簡単な話ではないようである。

太子がもつ多様な超人性

聖徳太子の超人性や業績の多くは、否定されつつあるにもかかわらず、厩戸皇子ではなく聖徳太子といういい方が用いられ続けられるのはなぜであろうか。その理由はひとつではないであろうが、大きなものとして、太子が、政治・外交・文化といったさまざまな面にその超人性を見せていることがあげられよう。つまり、単にひとつの分野だけの超人ではないということである。

太子の業績はいずれも有名なものばかりであり、いまさらくり返すまでもないかもしれないが、あらためて振り返ると、まず、政治面では、推古天皇十一年（六〇三）に制定された冠位《かんい》十二階《じゅうにかい》があげられる。それまでの身分秩序が、家柄の重視であり、しかも、それは世襲が原則であったのに対して、太子は個人の能力による身分秩序をめざしたのである。

家柄、門閥主義というと古くさい過去の遺物のように思われるかもしれないが、案外、現代でもさまざまなところで隠然と存在してもいる。まして古代において、それも蘇我《そが》氏の全盛期に個人の実力を重視した制度をめざした太子は、まさに超人的であり、聖徳太子ならではといわれるわけである。こうした精神は、推古天皇十二年（六〇四）に制定された憲法十七条にも見ることができる。「和」の重視、仏教への篤い信仰と共に、天皇中心主義を説いている。これも蘇我氏の存在を考えるならば、なかなかいえることではなかろう。

聖徳太子の政策には政治面だけでなく、外交面にも見るべきものがあったとされる。推古天皇八年（六〇〇）に始まったとされる遣隋使《けんずいし》である。崇峻《すしゅん》天皇二年（五八九）に隋《ずい》が中国を統一すると、その十一年後に早くも隋へ使節を出したといわれている。実に敏感な外交手腕というべきであろう。しかも、隋に対して〝対等外交〟をめざしたというのである。

いうまでもなく隋側は不快を示すのであるが、日本と隋との関係は断絶することなく、隋の滅亡まで続けられたようである。こうした点にも聖徳太子の先見性が示されているということになろう。

また、文化、特に宗教面にも聖徳太子の超人ぶりが発揮されている。まず、『三経《さんぎょう》義疏《ぎしょ》』があげられる。「勝鬘経《しょうまんぎょう》」「維摩経《ゆいまぎょう》」「法華経《ほけきょう》」のそれぞれに注釈をつけたものであり、特に「法華経義疏《ほけきょうぎしょ》（法華義疏）」については、太子の直筆本が伝存しているとされている。

仏教面でいえば、造寺に関しても聖徳太子は、多大な業績を残している。四天王寺《してんのうじ》、法隆寺《ほうりゅうじ》などの諸寺を建立し、仏教の興隆に尽力したとされており、このことは太子信仰の原動力となっている。太子信仰は主に中世以降に広がりをみせ、今日に至っているといわれるが、『日本書紀』に見られるような伝説化された太子像を踏まえるならば、古代からすでにそうした信仰を考えることもできるであろう。

そして、聖徳太子の業績の多くが否定されても、この〝信仰〟という面だけは簡単に否定することは難しいのではあるまいか。太子信仰を信じるか否かにかかわらず、古代から連綿として続いてきた太子の存在は、わたしたち日本人にとっては、「厩戸皇子」ではなく、やはり、「聖徳太子」のほうがふさわしいということになるのかもしれない。

令和三年（二〇二一）四月

瀧音能之

目次

目次

第3章 聖徳太子ゆかりの古寺と史蹟

目次

第4章 聖徳太子伝説の謎

目次

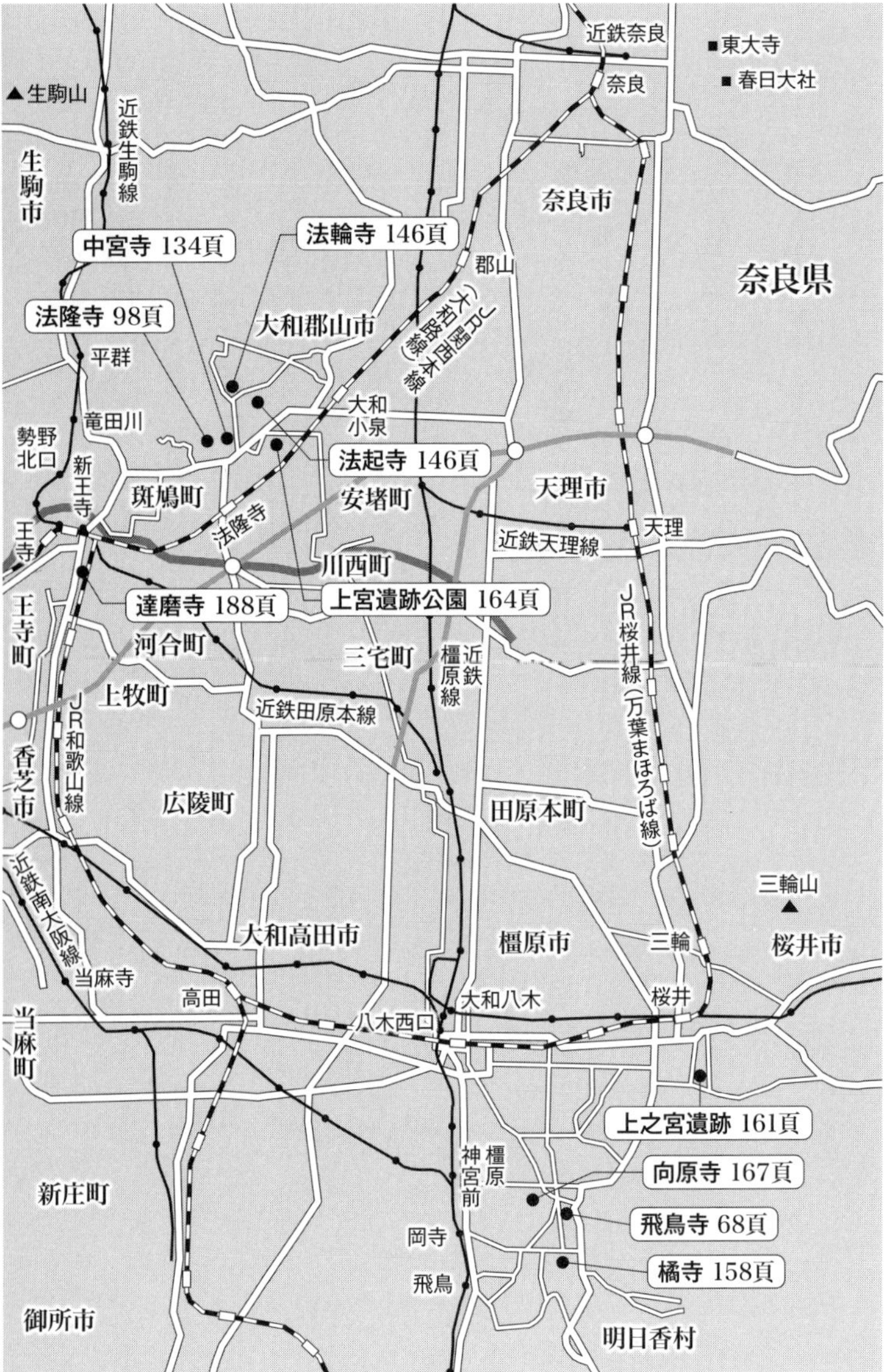

近鉄奈良
東大寺
春日大社
奈良
生駒山
近鉄生駒線
生駒市
奈良市
法輪寺 146頁
中宮寺 134頁
奈良県
郡山
JR関西本線（大和路線）
法隆寺 98頁
大和郡山市
平群
大和小泉
竜田川
勢野北口
法起寺 146頁
新王寺
斑鳩町
安堵町
天理市
王寺
法隆寺
天理
近鉄天理線
川西町
上宮遺跡公園 164頁
達磨寺 188頁
王寺町
河合町
三宅町
近鉄橿原線
JR桜井線（万葉まほろば線）
上牧町
近鉄田原本線
JR和歌山線
香芝市
広陵町
田原本町
近鉄南大阪線
三輪山
大和高田市
橿原市
三輪
桜井市
当麻寺
高田
大和八木
桜井
八木西口
当麻町
上之宮遺跡 161頁
橿原神宮前
向原寺 167頁
新庄町
飛鳥寺 68頁
岡寺
橘寺 158頁
飛鳥
御所市
明日香村

聖徳太子ゆかりの地

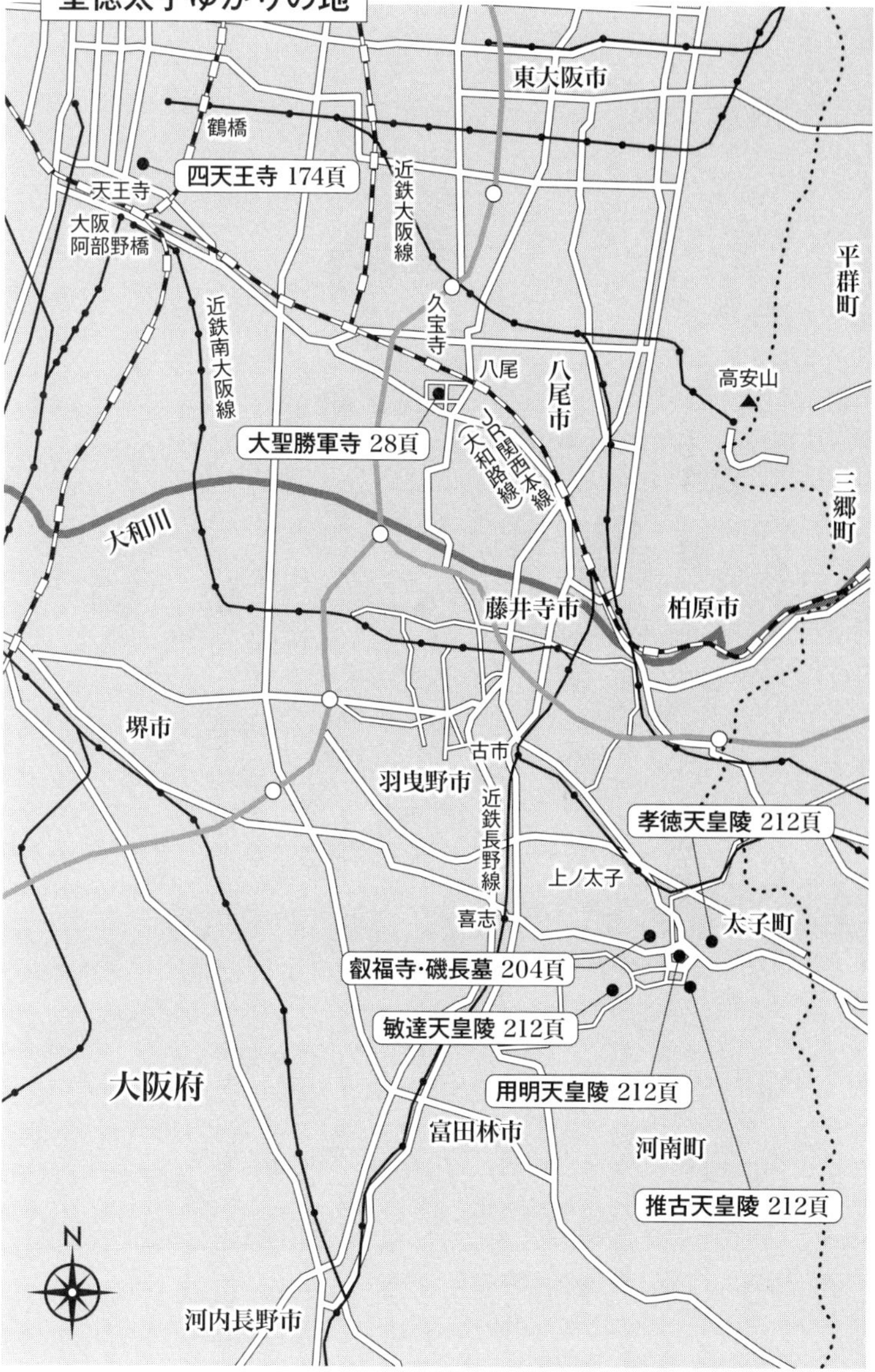

東大阪市
鶴橋
四天王寺 174頁
天王寺
大阪阿部野橋
近鉄大阪線
近鉄南大阪線
久宝寺
八尾
八尾市
平群町
高安山
大聖勝軍寺 28頁
JR関西本線（大和路線）
三郷町
大和川
藤井寺市
柏原市
堺市
古市
羽曳野市
近鉄長野線
孝徳天皇陵 212頁
上ノ太子
喜志
太子町
叡福寺・磯長墓 204頁
敏達天皇陵 212頁
大阪府
用明天皇陵 212頁
富田林市
河南町
推古天皇陵 212頁
N
河内長野市

聖徳太子二王子像（御物／唐本御影、宮内庁）

第1章

聖徳太子の生涯を知る

聖徳太子の生涯

——『日本書紀』に記録された「厩戸皇子」とは

激動する世界の極東に現れた聖徳太子

六世紀の後半のアジア情勢をみると、朝鮮半島では高句麗《こうくり》、新羅《しらぎ》、百済《くだら》の三国が鼎《てい》立《りっ》し、覇権を競っていた。

中国大陸では隋《ずい》が建国され、二世紀末以来分裂していた中国を統一し、中央集権的な強大な国家の確立が進められていた。

同じころ、西アジアの大半はササン朝ペルシアに支配されていたが、七世紀初頭、アラビア半島でムハンマドによってイスラム教が開教されると、イスラム勢力が破竹の勢いでペルシアに侵入し、巨大帝国を一気に衰退させていった。

ヨーロッパに目を移すと、六世紀にはキリスト教国家である東ローマ帝国（ビザン

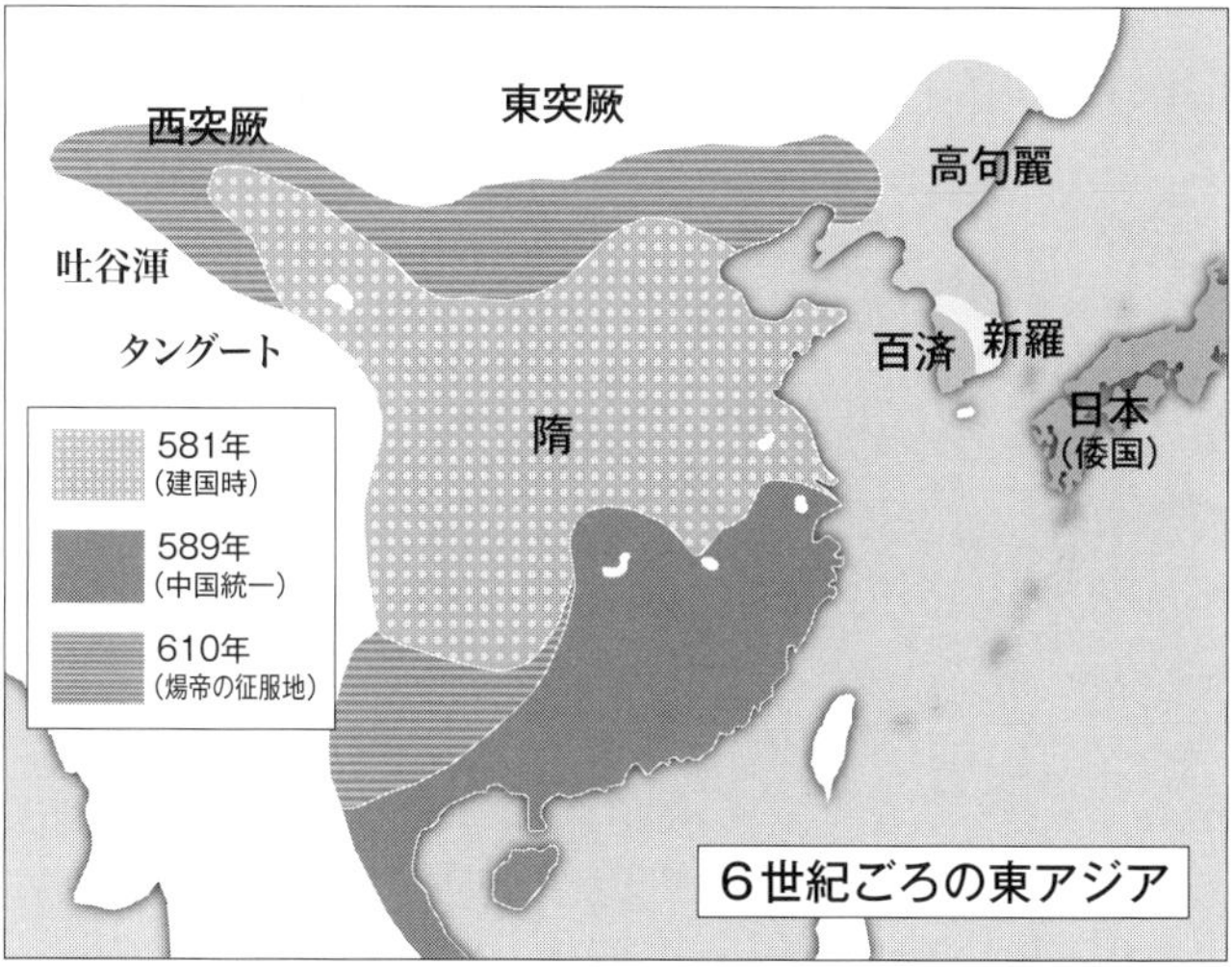

6世紀ごろの東アジア

ツ帝国）が広大な領土を有していたが、七世紀に入るとアラブ人の侵入を受けるようになり、領土の縮小を余儀なくされていった。

ここで視点をアジアに戻すと、その東端の国はどんな状況だったか。

六世紀末から七世紀前半にかけての日本（倭国《わこく》）は、大和の飛鳥《あすか》に都を置いた推古《すいこ》女帝の治世にあった。

そしてこの天皇の皇太子・摂政《せっしょう》として活躍したと伝えられるのが、聖徳太子《しょうとくたいし》である。

大豪族・蘇我氏の血が濃い皇子

そんな時代を生きた聖徳太子とは、

どんな人物だったのだろうか。

聖徳太子の生涯や事績は後世に潤色され、伝説化された部分が多いと言われているが、史料としていちばん基本となるのは、養老四年（七二〇）に成立した『日本書紀《にほんしょき》』である。

『日本書紀』によると、聖徳太子は橘豊日尊《たちばなのとよひのみこと》を父として生まれた。橘豊日尊はのちの用明天皇《ようめい》（在位五八五〜五八七年）である。母は橘豊日尊の異母妹にあたる穴穂部間人皇女《あなほべのはしひとのひめみこ》であった。

『日本書紀』は太子の生年を記していない。太子の生年については古来、複数の説が唱えられてきたが、『日本書紀』に次いで太子の事績に関する基礎史料となっている『上宮聖徳法王帝説《じょうぐうしょうとくほうおうていせつ》』は敏達天皇《びだつ》三年（五七四）としており、これが定説となっている。『上宮聖徳法王帝説』は平安時代なかばに最終的に成立したとみられる太子伝だが、主要な部分は八世紀なかばまでには書かれていたとみられ、『日本書紀』にはみられない独自の内容も含んだ、古代史の重要史料である。

橘豊日尊は欽明天皇《きんめい》の皇子だが、蘇我稲目《そがのいなめ》の娘・堅塩媛《きたしひめ》を母としている。穴穂部間人皇女も欽明天皇を父とし、堅塩媛の妹・小姉君《おあねのきみ》つまり稲目の娘を母とする。

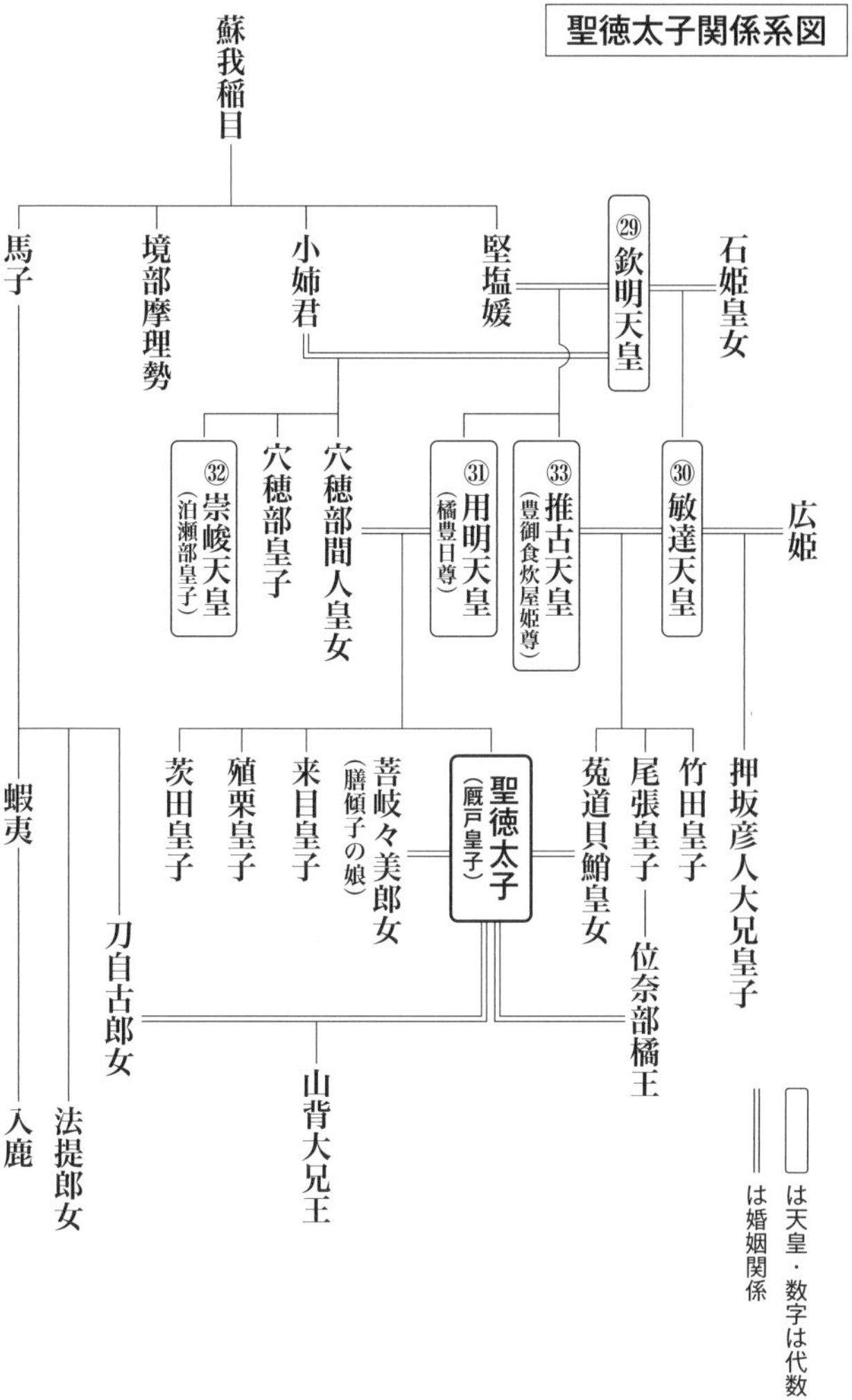
聖徳太子関係系図
蘇我稲目
馬子
境部摩理勢
小姉君
堅塩媛
㉙欽明天皇
石姫皇女
㉜崇峻天皇（泊瀬部皇子）
穴穂部皇子
穴穂部間人皇女
㉛用明天皇（橘豊日尊）
㉝推古天皇（豊御食炊屋姫尊）
㉚敏達天皇
広姫
蝦夷
茨田皇子
殖栗皇子
来目皇子
菩岐々美郎女（膳傾子の娘）
聖徳太子（厩戸皇子）
菟道貝鮹皇女
尾張皇子
竹田皇子
押坂彦人大兄皇子
刀自古郎女
位奈部橘王
入鹿
法提郎女
山背大兄王
は天皇・数字は代数
は婚姻関係

つまり聖徳太子は、父方と母方の双方で、父系では欽明天皇の血を承《う》け、同時に母系では蘇我氏の血を承けている。蘇我氏は六世紀から七世紀なかばにかけて、大臣《おおおみ》の地位を世襲すると同時に天皇家の外戚となって権勢を誇った大豪族で、稲目の嫡子・馬子《うまこ》の時代に全盛期を迎えている。ちなみに太子はその馬子の娘・刀自古郎女《とじこのいらつめ》を妃に迎えている。

聖徳太子が蘇我の血が濃い皇子であったこと、つまり聖徳太子が当時の大豪族を後ろ盾としていたことは、太子の事績を考えるうえで、見落とすことのできない重要なポイントである。

本名は「厩戸皇子」

もうひとつ重要なことを指摘しておくと、『日本書紀』には「聖徳太子」という表記は見出せない。

聖徳太子に対しては古くからさまざまな呼び名が用いられているが、『日本書紀』では、たんに「皇太子《ひつぎのみこ》」と呼ばれていることが多い。

そして、『日本書紀』から読み取れる彼の実名（諱《いみな》）は「厩戸皇子《うまやとのみこ》」である。

『日本書紀』によれば、「厩戸」の名は、宮中をめぐっていた母親が厩の戸にさしかかったときに出産したことにちなむという。この名前のいわれについては他にも説があり、『上宮聖徳法王帝説』にもとづく太子の生年（五七四年）は干支が「甲午《きのえうま》」なので、生まれ年の干支（午＝馬）にちなんで「うまやと」と名づけられたのでは、と推定する人もいる。

厩戸皇子のことを「聖徳太子」と呼んだ最も古い文献は、奈良時代なかばに編まれた漢詩集『懐風藻《かいふうそう》』の序文である。ただし、「聖徳」だけに着目するなら、慶雲《けいうん》三年（七〇六）に刻された法起寺《ほうきじ》（法隆寺《ほうりゅうじ》の北東に建つ寺院）の塔の露盤《ろばん》の銘文（現物は失われている）に「聖徳皇」という表記があり、また『日本書紀』も厩戸皇子の異名として、「東宮聖徳《ひつぎのみこ》」（敏達天皇紀）や「豊耳聡聖徳《とよみみと》」（用明天皇紀）を記している。

「聖徳」とは「聖人のような高い人徳をそなえている」というような意味であり、「太子」とは厩戸皇子が叔母にあたる推古天皇の皇太子に立てられたという伝承にもとづく称号である。おそらく「聖徳太子」とは、天皇に即位することなく亡くなった厩戸皇子に対して、彼の没後に贈られた尊称、つまり諡号《しごう》のようなものなのだろう。

また、「豊耳聡」（「豊聡耳《とよとみみ》」とも書かれる）は聡明さを表現したもので、彼が多数の人の訴えを聞き分けたという伝えに由来している。

というわけで、この人物の呼称としては「厩戸皇子」が最も適確なのだろうし、歴史的人物としての「厩戸皇子」と、没後に神秘化され信仰の対象ともなった伝説的人物としての「聖徳太子」とは明確に区別すべきだという意見もある。とはいえ、「聖徳太子」は日本人によく親しまれている呼び名でもある。そこで本書では、原則として「聖徳太子」（または、たんに「太子」）を用いることとさせていただきたい。

付け加えると、聖徳太子に対する呼び名としては、「上宮太子《じょうぐう》」（「上宮」は「かみつみや」「うえのみや」とも読まれる）も歴史的には広く用いられてきた。この名は幼年時代の太子が父親の宮の南にあった「上殿《うえのみや》」に住んだとする伝承に由来するといわれ、太子生前から用いられていたと考えられている。

蘇我・物部の対立のなかで過ごした青少年期

『日本書紀』の聖徳太子伝に話を戻そう。

太子は生まれてすぐに言葉を話し、優れた知恵をもっていた。成人すると、一度に十人の訴えをきいても、間違いなく聞き分けることができ、おまけに未来を予知することができたという。

また、高句麗から来た僧・慧慈《えじ》に仏教を習い、覚哿《かくか》（百済から来た僧侶か）に儒教を学んで、いずれも深く学びとった。そして父親から寵愛された。

太子の父・橘豊日尊は、敏達天皇十四年（五八五）八月に異母兄にあたる敏達天皇が病没すると、翌月即位し、用明天皇となった。だが、あまり活躍する機会もないま、即位から二年もたたない用明天皇二年（五八七）四月に崩御してしまう。死因は疫病の疱瘡《ほうそう》（天然痘《てんねんとう》）だった。

すると、皇位継承者問題もからんで有力豪族の蘇我氏と物部《もののべ》氏の対立が先鋭化する。同年七月には、大臣の蘇我馬子が皇子や群臣たちを糾合して物部守屋《もりや》を滅ぼすことを謀り、ついに戦乱が生じた。「丁未《ていび》の乱」である。

このとき太子はまだ十四歳だったが、蘇我氏側の軍勢の後陣に加わった。そしてヌリデ（ウルシ科の樹）を切り取って四天王《してんのう》像を作り、髪の頂に置いて「もし勝利を与えるならば、寺塔を立てよう」と誓願。これに勢いを得て蘇我氏側は物部軍を圧倒し、守屋を誅殺した。これによって物部氏は没落し、蘇我氏が一気に権勢を伸ばした。

乱後は用明の異母弟で、馬子の甥にもあたる泊瀬部皇子《はつせべのみこ》が即位して崇峻《すしゅん》天皇とな

大聖勝軍寺　蘇我氏に組した聖徳太子が戦勝祈願をし、物部氏に勝利したのちに建立された（大阪府八尾市）

る。ところが、崇峻天皇はほどなく馬子と対立するようになり、崇峻天皇五年（五九二）十一月には馬子によって謀殺されてしまった。

推古朝で皇太子・摂政となる

同じ年の十二月、天皇暗殺の混乱を収拾するかたちで飛鳥の豊浦宮《とゆらのみや》（奈良県高《たか》市《いち》郡明日香《あすか》村豊浦《とようら》）で即位したのが、用明天皇の同母妹、つまり聖徳太子の叔母にあたる推古天皇である。日本史上初の女帝である。推古は敏達天皇の皇后だった女性で、また馬子の姪にもあたる。

『日本書紀』に収められた太子の記述は推古時代に集中するが、以下におもだったものを、若干の解説を加えながら年代順に記してみよう。

推古天皇元年（五九三）：前年十二月に即位した推古天皇は、四月、厩戸皇子すなわち聖徳太子を皇太子に立て、同時に彼を摂政とした。

同二年：推古天皇は太子と大臣の蘇我馬子とに詔《みことのり》して、三宝《さんぽう》を興隆させた。「三宝」とは仏・法（教え）・僧のことで、つまり仏教の興隆を天皇が命じたということである。

同九年：太子は斑鳩《いかるが》（奈良県生駒郡斑鳩町）に宮殿を建てはじめた。

同十一年：十月、天皇の宮が豊浦宮から小墾田宮《おはりだのみや》（明日香村雷《いかずち》もしくは豊浦古宮《ふるみや》）に遷った。十一月、太子は秦河勝《はたのかわかつ》に仏像を授け、河勝はその仏像のために蜂岡寺《はちおかでら》（京都・広隆寺《こうりゅうじ》の前身）を造った。同じ月に太子は天皇に申請して、儀仗用の大楯《おおたて》と靫《ゆぎ》を作り、旗幟《きし》に彩色を施した。

同十二年：太子は「和《わ》を以《も》ちて貴《とうと》しとなす」ではじまる憲法十七条をみずから作った。

同十三年：四月、天皇は太子と馬子、諸王・諸臣に詔して、共同で誓願を立てて丈《じょう》六《ろく》の銅仏と繡仏《しゅうぶつ》をそれぞれ一軀《いっく》ずつ作らせた。仏像は翌年完成し、元興寺《がんこうじ》（飛鳥寺）

の金堂《こんどう》に安置された。また七月、太子は諸王・諸臣に褶《ひらおび》（礼服の一つ）を着用するよう命じた。十月、太子は斑鳩宮《いかるがのみや》に住みはじめた。

同十四年：七月、太子は天皇に請われて「勝鬘経《しょうまんぎょう》」を三日間にわたって講じた。また同年内に「法華経《ほけきょう》」も講じ、これにより太子は天皇から播磨《はりま》国の水田百町を与えられ、それは斑鳩寺《いかるがでら》に施入された。

「斑鳩寺」は法隆寺の前身を指していると考えられており、『日本書紀』のなかではこれが法隆寺の初出となる。

同二十一年：片岡（奈良県北葛城《きたかつらぎ》郡王寺町付近か）に出かけた際、道端に飢えた人が倒れているのを見つけた太子は、飲食を与え、自分の服を脱いで彼に掛けていたわった。飢えた人は翌日には亡くなって墓に埋められるが、数日後に調べてみると墓の中は空になっていて、じつは彼が神仙であったことがわかった。

同二十八年：太子は馬子と協議して、『天皇記』『国記《こくき》』などの史書を録した。『天皇記』『国記』も現存しないが、『古事記』や『日本書紀』の原史料になったとも目される古記録である。

同二十九年：二月五日、太子は斑鳩宮で病没した。諸王・諸臣、天下の人民はみなはげしく嘆き悲しんだ。同じ月に太子は磯長陵《しながのみささぎ》（大阪府南河内郡《みなみかわちぐん》太子町）に葬られた。

太子の没年を、『日本書紀』はこのように推古天皇二十九年つまり西暦六二一年とするが、太子に関する重要史料である法隆寺金堂釈迦三尊像光背銘《しゃかさんぞんぞうこうはいめい》（113ページ参照）・天寿国繍帳銘《てんじゅこくしゅうちょうめい》（139ページ参照）・法起寺塔露盤銘は「壬午年《みずのえうま》」つまり推古天皇三十年＝六二二年の二月二十二日に亡くなったとしている。現在では『日本書紀』の記載が誤りで、太子の没年を六二二年とするのが定説となっている。五七四年誕生説を採れば、太子の享年は数えで四十九。令和三年（二〇二一）は「聖徳太子千四百年御遠忌《ごおんき》」の年にあたる。

太子伝の基礎史料となった『日本書紀』の太子記事

以上が、『日本書紀』に記された聖徳太子の事績のあらましである。

太子に関する記述は決して多いとは言えず、『日本書紀』が天皇に関することを中心として出来事を年月日順に記述する編年体というスタイルをとっていることもあるが、その記述もほとんどが断片的なものである。

ちなみに、和銅五年（七一二）に撰上された『古事記』にいたっては、聖徳太子に関する記述はわずかに一カ所。用明天皇の皇子のひとりとして「上宮厩戸豊聡耳《うえのみやのうまやとのとよとみみの》命《みこと》」という名が挙げられているにすぎない。

また、『日本書紀』が成立した時点で、すでに太子の死からおよそ百年が経過している。そのため、『日本書紀』の太子伝には史実と伝説がないまぜになっているのではないか、『日本書紀』の描く太子はすでに虚像なのではないか、という指摘もしばしばみられる。極端な立場では、「厩戸皇子」という人物はたしかに歴史的に存在したが、聖人としての「聖徳太子」という人物像は創作された架空の存在だ、と論じる向きもある（聖徳太子虚構論）。

たしかに、わずか十四歳の少年が戦陣に臨んだというのはいかにも作り話めいているし、片岡で神仙と遭遇したという話なども非常に伝説臭が強い。

しかしそれでも、『日本書紀』には太子に関する基本的な情報が凝縮して記されている。天皇につながる出自、蘇我氏とのつながり、斑鳩を居地としたこと、憲法十七条の制定、そして仏教との関わり。断片的とはいえ、それらを集成すれば、一個の立派な太子伝を形成する。

そこから浮かび上がるのは、皇位継承や権力をめぐる争いが渦巻く中で、天皇（大《おお》王《きみ》）を補佐して飛鳥時代の国政の中枢をにない、また広く学問にも通じた、「厩戸皇子」という存在感のある皇族の姿である。

太子伝の基礎史料には『日本書紀』以外にも重要なものがいくつかある。だがそれらと比べても、『日本書紀』の太子記事はやはり非常に貴重な史料であり、断片的とはいえ、太子伝のエッセンスとなっている。後年になって育まれる神秘性を帯びた数々の太子伝説も、ベースとなっているのは、『日本書紀』の記述なのである。

聖徳太子像　「聖徳太子」という名称は薨去（こうきょ）129年後の天平勝宝3年（751）に編纂された『懐風藻』が初出とされる（菊池容斎『前賢故実』、国立国会図書館）

皇太子・摂政としての聖徳太子

――ほんとうにプリンスだったのか

当時はまだ「皇太子」という称号はなかった

聖徳太子といえば、まず「推古《すいこ》天皇の皇太子・摂政《せっしょう》として古代日本の政治を主導した偉人」というようなフレーズで紹介されることが多い。「聖徳太子」という本人の没後に生まれた呼称も、彼が「皇太子」（古くは「ひつぎのみこ」とも読まれた）であったことを踏まえて生じたものだろう。

ところが、皇太子と摂政という聖徳太子の根本的な地位について疑念を抱く立場もある。つまり、「聖徳太子は過大に評価されている。本当は皇太子でも摂政でもなかった」とする見方だ。

それはどういうことか、少し説明してみよう。

一般に太子の立太子・摂政就任を認める論の根拠となっているのは、『日本書紀』の推古天皇元年（五九三）四月十日条のつぎの記述である。

「（推古天皇は）厩戸豊聡耳皇子《うまやとのとよとみみのみこ》を立てて皇太子《ひつぎのみこ》としたまふ。仍《よ》りて録摂政《まつりごとふさねつかさど》らしめ、万機《ばんき》を以《も》ちて悉《ことごと》に委《ゆだ》ぬ」

「厩戸豊聡耳皇子」とは言うまでもなく聖徳太子のことである。太子はこのとき、二十歳の青年であった。

まず「皇太子」の問題からみると、この『日本書紀』の記述に対して、「まだこの時代には皇太子という称号はなかった。だからこの記述は『日本書紀』編纂者の文飾である」という批判がある。

たしかに、次期天皇を意味するものとして「皇太子」という称号が正式に用いられるようになったのは「天皇」の称号が確立した七世紀後半以降つまり聖徳太子没後のことで、具体的には持統《じとう》天皇三年（六八九）に飛鳥浄御原令《あすかきよみはらりょう》が制定されてからのことであり、それまでは皇太子の制度は存在しなかったと考えるのが定説である。そのため、『日本書紀』が聖徳太子を皇太子としたのは、律令制時代の皇太子の理想像を太子に投影しようとしたからだ」という批判もある。

しかし、だからといって『日本書紀』の記述を全面的に否定してしまうのは行き過ぎではないだろうか。つぎに述べるように、聖徳太子はやはり皇位継承の最有力候補者であったと考えられるからだ。

次期大王の最有力候補だった聖徳太子

ここで六世紀なかばに在位した欽明《きんめい》天皇から以後の歴代天皇をみると、敏達《びだつ》→用明《ようめい》→崇峻《すしゅん》→推古の順で即位している。この四人はみな欽明の皇子・皇女であり、母親は違っていても父親は同じくする兄弟姉妹の関係にあった（用明と推古は同母兄妹）。この時期の皇位継承は必ずしも親子間が原則となっていたわけではなく、きょうだい間の継承もよくみられたのである。

そして三十九歳で即位した推古のつぎは、年齢を考慮すると、この四人の子供世代つまり欽明の孫世代に皇位が移ることが想定されたはずである。

そのことを頭に入れて推古の子供をみると、彼女はかつて敏達の皇后であって、二人の間には二人の皇子がいた。だが、長子の竹田皇子《たけだのみこ》はどうも病弱であったらしく、『日本書紀』にはあまり登場しない。崇峻朝か推古朝の初期には亡くなっていたとみられる。もうひとりの尾張皇子《おわりのみこ》は『日本書紀』には名前が一度出てくるだけで、もっと存在感が薄い。やはり早世したのだろう。

また敏達には押坂彦人大兄皇子《おしさかのひこひとのおおえのみこ》という第一皇子がいたが（母は広姫《ひろひめ》）、用明朝を最後に歴史から姿を消している。推古朝に入るまでには亡くなっていたのだろう（蘇我馬子《そがのうまこ》によって暗殺されたという説もある）。

崇峻は蘇我馬子によって暗殺されたので、彼の子供を皇位継承の候補者にあげることは現実的に考えにくい。

すると浮上するのが、聖徳太子をはじめとする用明の皇子たちである。

聖徳太子には異母兄が一人いたようだが、太子の母・穴穂部間人皇女《あなほべのはしひとのひめみこ》は皇后であり、彼女もまた欽明の子供であり、推古とは異母姉妹の間柄だった。太子からみると、父方の祖父も母方の祖父も欽明天皇で、欽明王家の嫡流といってもいい血筋である。

こうなってくると、推古天皇の後継者には、年代や血統を考慮すれば、弱冠二十歳の聖徳太子が最右翼に上がってくることが理解できよう。まして太子が――『日本書紀』が記すように――きわめて聡明な人物であったとしたら、なおのことである。しかも、彼の後ろ盾は、大豪族の蘇我氏である。

聖徳太子は、厳密な意味では「皇太子」ではなかったかもしれない。だが、叔母・推古天皇の即位に連動して、皇太子的な地位、つまり推古の次の皇位（大王位《おおきみ》）が約束された地位（ヒツギノミコ）に就いた可能性は、充分に考えられることなのである。

太子はやはり「摂政的な地位」に就いた

つぎの問題は「摂政」である。

摂政とは、一般に幼少や女性の天皇に代わって政務を執り行う人やその地位を指すが、これについても、「摂政・関白《かんぱく》の制ができたのは平安時代からで、聖徳太子の時代には摂政という職はなかった」という批判がある。

たしかに太子の時代に明確に「摂政」と称する職があったわけではない。とはいえ、やはり太子が「摂政的な地位」に就いていた可能性は充分にある。

もう一度『日本書紀』をみてみると、推古天皇は聖徳太子に対して「録摂政《まつりごとふさねつかさど》らしめ」（=政務を執り行わせ）、「万機《ばんき》を以《も》ちて悉《ことごとく》に委《ゆだ》ぬ」（=天皇の行う政治をすべて任せた）、と書かれている。ここには職名として「摂政」という語が出てきているわけではない。だから、厳密にいえば、太子は摂政であったとはいえない。

しかし、この『日本書紀』の記述を文字通りに解せば、太子は天皇の政務を代行することを任せられたわけだから、その職務は、平安時代以降のそれと完全にイコールではないにしろ、「摂政」にきわめて近かったと言えるだろう。

なお、摂政の初例として応神《おうじん》天皇に代わって政務を執った神功《じんぐう》皇后がよく挙げられるが、『日本書紀』の神功皇后の巻には皇后が政務を執りはじめた年を「摂政元年」とする記述はあるものの、「皇后が摂政に就いた」とする記述があるわけではない。

蘇我馬子と協働して天皇を補佐した

だがここで新たに問題となるのは、「聖徳太子は実際に推古天皇に代わってあらゆる政務を執ったのか」ということである。

じつは、この点に関しては疑わしい点が多々ある。

たとえば、仏教の興隆を命じたものとして有名な「三宝《さんぽう》興隆の詔《みことのり》」について記す推古天皇二年二月一日条には「(推古天皇は) 皇太子と大臣に詔して、三宝を興隆せしむ」とあって、あくまでも命令の主体は推古天皇であり、聖徳太子は命じられている側にすぎない。同十五年二月九日条には「神祇《じんぎ》礼拝の詔」も出されているが、ここでも命令の主体は推古天皇であって、太子は命じられた側になっている。

「推古天皇紀」には、天皇の命令や言行が単独で出てくる例も少なくない。逆にいえば、太子が単独で行ったといえる政治上の事績は、『日本書紀』を読む限りでは、あまり多くはない。

このようなことからすると、「太子が摂政として天皇の政務をすべて代行した」というのは、事実を誇張したオーバーな表現ということになろう。少なくとも、推古天皇が宮廷の奥深くに引き籠もって政治に全く関心をもたなかった、ということはありそうもない。

また、推古朝の政治には、太子と同様に天皇の政治を補佐する立場にあった大臣《おおおみ》・蘇我馬子の存在を無視することができない。

馬子は太子にとっては大おじにあたり、また馬子の娘・刀自古郎女《とじこのいらつめ》を妻としているので、舅《しゅうと》にもあたっていた。そして馬子は太子よりはおそらく二十以上は年上で、推古女帝からの信望があつく、豊富な政治的経験を積んでいた。加えて、蘇我氏は馬子の父の稲目《いなめ》の代から仏教に帰依《きえ》し、飛鳥寺《あすかでら》（法興寺《ほうこうじ》）を建立して飛鳥仏教の興隆に寄与してきた。

そんな馬子と太子の関係については、「協調的だった」とする見方もあれば、「いや、互いに牽制し合っていた」「実質的には馬子が仕切っていたはずだ」といった具合に、さまざまな見立てがある。いずれにしろ、少なくとも太子が若年のあいだは馬子が主導的な役割を担い、太子が自在に腕を振るうことは難しかっただろう。

こうした点を考慮すれば、「次期天皇の予定者として、皇族のホープとして蘇我氏とともに推古天皇を補佐し、ときに天皇の政務を代行することもあった」というのが政治家としての聖徳太子の実像に近かったのではないだろうか。

『上宮聖徳法王帝説《じょうぐうしょうとくほうおうていせつ》』にみえる「小治田宮《おはりだのみや》に御宇《あめのしたしろ》しめしし天皇（推古天皇）の世、上宮厩戸豊聡耳尊《うえのみやうまやとのとよとみみのみこと》、嶋大臣《しまのおおおみ》（蘇我馬子）と共に天下の政《まつりごと》を輔《たす》け」たという記述は、この見方を裏づけてくれる。

ところで、太子は推古天皇三十年（六二二）に四十九歳で没した。

一方、推古天皇は七十五歳まで長生きし、太子の死から六年後の同三十六年（六二八）に崩御した。ちなみに馬子は同三十四年に没している。

当時の天皇は終身在位が原則であり、譲位の制はまだ整っていなかった。もし太子が推古の崩御後も存命であったならば、天皇に即位していたかもしれない。

政治家としての聖徳太子
――結局、どんな業績を残したのか

仏教を政治に採り入れる

前項で指摘したように、聖徳太子は、正確な表現を期せば、皇太子や摂政《せっしょう》であったとはいえない。しかし六世紀末から七世紀初めにかけての推古《すいこ》天皇の時代に、太子が朝廷の中枢に身を置いて国政に深く関与していたことは疑いない。

では、政治家としての太子は具体的にはどんなことを行ったのだろうか。

『日本書紀』にもとづけば、太子が推古朝に直接関わったと思われる政治的な事績は、おもなものとしてつぎの三つにしぼることができる。

①仏教の興隆

②憲法十七条の作成
③『天皇記』『国記《こくき》』などの史書の編纂

①は推古天皇二年（五九四）の推古天皇が太子と蘇我馬子《そがのうまこ》に下した「三宝《さんぽう》興隆の詔《みことのり》」に代表されるもので、『日本書紀』同年二月一日条にはつぎのようにある。
「推古天皇は聖徳太子と蘇我馬子に詔して、三宝を興隆させた。そこで、臣下たちはそれぞれの主君や親の恩に報いるため、競って仏舎を建てた。これを寺という」

また、太子が作成した憲法十七条の第二条に「篤く三宝を敬え。三宝は万国の究極の教えである」という言葉があることも注目される。

「三宝」は仏教用語で、正確には「仏（ブッダ）・法（ダルマ）・僧伽《そうぎゃ》（サンガ）」を指すが、『日本書紀』の中では広く「仏教」のことを指していると解されている。

日本へ仏教が百済《くだら》を介して公式に伝来したのは、太子の祖父にあたる欽明《きんめい》天皇の時代のことである。その年代は、『日本書紀』にもとづけば五五二年、『上宮聖徳法王《じょうぐうしょうとくほうおう》帝説《ていせつ》』にもとづけば五三八年となっていて差異がみられるが、現在は後者の説が有力視されている。

いずれにしても、推古朝には朝廷が仏教を受容してからおよそ半世紀が経過していた。そして当時の日本にとって、仏教とはたんなる異国の宗教ではなく、朝鮮半島や中国大陸に浸透していた一種の先進文化であり、それが及ぼす影響は、政治、学問、思想、建築、美術、工芸など、幅広い分野にわたっていた。

こうした背景のもとに出された「三宝興隆の詔」は、朝廷が仏教を尊重して政治に採り入れ、その教えを国や国民を指導するための理念に据えようとしたことを意味していた。同時にそれは国家による仏教統制のはじまりでもあった。

この推古朝の仏教興隆政策の中心的役割を果たしたのが、仏教に深い理解を示していた聖徳太子であったのだ。

太子と仏教の関係については次項で改めて詳しく触れることにしたいが、仏教興隆政策の甲斐あってか、『日本書紀』によれば、例の詔から三十年がたった推古天皇三十二年には、寺院は四十六カ寺、僧尼は千三百八十五人にまで増えていたという。

官人の道徳的心得を説く憲法十七条

そして二つ目が、広く知られている憲法十七条の作成である。

『日本書紀』推古天皇十二年四月三日条には「聖徳太子は自分ではじめて憲法十七条を作った」（皇太子、親《みずか》ら肇《はじ》めて憲法十七条を作りたまふ）とあって、これについては太子単独の仕事であったことが強調されている。

ただしここで注意したいのは「憲法」の意味である。

現在では憲法といえば「国家の基本的事項を定めた、国家最高の法規範」のことだが、太子の定めた憲法は、これとは趣がことなる。太子の憲法十七条は、第一条の「和を以《も》ちて貴《とうと》しとなす」に象徴されるように、おもに朝廷に仕える官人を対象にした十七カ条からなる訓戒、道徳的心得のようなものであり、実際に読んでみればわかるように、「全国民が遵守すべき国家の基本法」という性格のものではない。ちなみに「憲」という字は法とか掟、誡といった意味をもつ。

憲法十七条の原文は『日本書紀』にあるが、概要を記すと次のようになる。

第一条　和を貴び、逆らい背くことのないようにせよ。
第二条　三宝（仏教）を篤く敬え。
第三条　詔を承ったなら必ず謹んで従え。

第四条　高官たちは礼をすべての根本とせよ。
第五条　食を貪らず物欲を棄てて、公明に訴訟を裁け。
第六条　勧善懲悪は古《いにしえ》の良き教えである。
第七条　人の任用に乱れがあってはならない。
第八条　高官たちは早く出仕して、遅く退出せよ。
第九条　信が道義の根本である。
第十条　怒りや恨みの心を棄てて、人が自分と違うからといって怒ってはならない。
第十一条　功罪を明察して、適切な賞罰を行え。
第十二条　国司《こくし》・国造《くにのみやつこ》は人民から搾取してはならない。国に二人の君はなく、民に二人の主はない。官司はみな王の臣である。
第十三条　官人はそれぞれの職掌をよく理解せよ。
第十四条　高官は嫉妬してはならない。
第十五条　私心を棄て公に従うことが臣としての道である。
第十六条　「民を使う際には時節を考慮せよ」というのは古の良き教えである。
第十七条　物事を独断で決めてはならない。

この十七条を大別すれば、つぎの三つに分類することができる。

○和、三宝、礼などの基本的な道徳規範（第一、二、四条）
○天皇を中心とした君・臣・民の関係を強調（第三、十二条）
○官人の執務における道徳的規範（第四～十七条）

仏教や儒教《じゅきょう》、法家《ほうか》思想などの外来の思想も積極的に盛り込みながら、天皇を中心とした中央集権的な国家の理想的なあり方が、ここには説かれている。

憲法十七条偽作説

憲法十七条については「聖徳太子が書いたものではない」とする偽作説もある。その根拠のひとつは「推古朝に存在しないはずの用語が用いられている」というものだ。

具体的には、第十二条の原文には「国司・国造、百姓《ひゃくせい》に斂《おさめと》ること勿《なか》れ」とあるが、「国司」という地方官の職は大宝《たいほう》元年（七〇一）に制定された大宝律令《りつりょう》によってはじまったものである。したがって、憲法十七条には制定当時は存在していないはずの職名が記されていることになり、この条文は後代の偽作ではないか、『日本書紀』編纂者による八世紀初頭の捏造ではないか、という疑いが生じるわけである。

また、条文の言い回しに『日本書紀』の執筆者に特徴的な「倭習《わしゅう》」（正当な漢文ではない、日本風の訛《なま》り）がみられるという指摘もあり、このことから憲法十七条を『日本書紀』の編纂がはじまった七世紀後半以降の産物とみる見解もある。

しかし、だからといって十七条のすべてを太子の名のもとに捏造された後世の作とみなしてしまうのは短絡的ではないだろうか。たとえば、「国司」という職名は太子の時代にはなかったかもしれないが、後代の国司になぞらえられるような、中央から地方へ派遣される官人が存在していた可能性は否定できない。

たしかに憲法十七条の用字や細部には後代の人間——おそらく『日本書紀』編纂者——の手が加わっているのだろう。しかし、やはり条文の大筋は飛鳥時代に作られたものであり、聖徳太子が実際に書いたものがもとになっているのではないだろうか。そう考えることを否定しない研究者も多い。

たとえば、第二条の「三宝を篤く敬え」は推古天皇二年の「三宝興隆の詔」と連関したものと考えるのが妥当なのだろう。また、十七条には不思議なことに朝廷のまつりごとの要《かなめ》であった神祇祭祀に関することがいっさい言及されていないが、このことは熱心な仏教信者だった太子の姿勢を表しているのかもしれない。ちなみに「十七」という条文数については、『維摩経《ゆいまぎょう》』「仏国品《ぶっこくほん》」に由来しているのではないかという指摘がある（坂本太郎『聖徳太子』）。ここには仏国建立の因とされる菩薩《ぼさつ》の心性として直心《じきしん》以下、十七事が挙げられているからである。

画期的だった冠位十二階制

憲法制定とほぼ時を同じくして、もうひとつ官人たちに関する重要な施策が行われている。それは推古天皇十一年十二月に定められた冠位《かんい》十二階の制度である。

冠位十二階とは、徳《とく》・仁《にん》・礼《らい》・信・義・智の徳目に大・小を付し、大徳から小智まで十二のランクを設定して官人の序列としたもので、官人の冠はこれに対応した色で縫われた。その具体的な色については『日本書紀』に言及がないが、紫・青・赤・黄・白・黒の色をあて、大・小はその色の濃淡で区別したというのが通説である。

冠位十二階制は、『日本書紀』には「始めて冠位を行ふ」とだけあって、誰が定めたか書かれておらず、とくに聖徳太子の仕事として言及されているわけではないが、『上宮聖徳法王帝説』では太子の事績として紹介されている。また、中国側の史書『隋書《ずいしょ》』「倭国伝」にも冠位十二階制は言及されているので、推古朝にこの制度が定められたことは間違いない。

ただし冠位制そのものは朝鮮半島の高句麗《こうくり》や百済《くだら》ですでに行われていて、日本の冠位十二階制はその影響を受けて作られたものと考えられており、少なくとも太子の完全な独創によるものではないはずだ。

従来は政治的な地位は本人が属する氏族によって決まっていた。しかし、朝廷に出仕する人びとを個人の働きぶりによって評価し、その地位を儒教的な徳目と関連づけて表し、冠によって識別できるようにしたところが冠位十二階制のミソだろう。もちろん、官人の序列をはっきりさせることで、天皇を頂点とした礼的な秩序を闡明《せんめい》にするという意図もあっただろう。

つまり、氏族の伝統とは切り離して、個人の能力次第で朝廷内での地位が昇進することを保証しようとした制度なのだ。

実際には冠位制はただちに広く実施されたわけではなく、浸透にはかなり時間がかかかったようだが、この制度が定められた背景には、朝廷内で官人が存在感を増すようになり、中央集権的な官僚制を整備する必要性が生じたことがある。官人を対象とした憲法十七条の作成の理由についても同じようなことが言えるはずである。

憲法十七条や冠位十二階制の誕生は、推古朝に官僚制が萌芽したことに照応したものであった。このような施策を主導する立場にあったのが、聖徳太子だったのである。

国作りの一環として史書編纂にも取り組む

③の「史書の編纂」についても最後に簡単に触れておきたい。

太子は最晩年に至って史書の編纂に取り組んだ。『日本書紀』推古天皇二十八年条には原文でつぎのように書かれている。

「是《こ》の歳《とし》に、皇太子・島大臣《しまのおおおみ》、共に議《はか》りて、天皇記と国記、臣《おみ》・連《むらじ》・伴造《とものみやつこ》・国造《くにのみやつこ》・百八十《ももやそ》部《とものお》、并《あわ》せて公民《おおみたからども》等の本記《ほんき》を録《しる》す」

太子が蘇我馬子と協議して『天皇記』以下の史書を編纂したと書かれているわけだが、その史書の解釈については議論がある。

まず『天皇記』は一般に天皇の系譜・事績などを記した書として解されていてあま

り異論がないが、「国記、臣・連・伴造・国造・百八十部、并せて公民等の本記」という記述に対しては、『国記』と『臣・連・伴造・国造・百八十部、并せて公民等の本記』という二つの別個の書物とする見解と、「臣・連……」を「国記」の注記または副題と解して一つの書物とみる見解があって議論が続いている。

ここで「臣・連・伴造・国造・百八十部、并せて公民等の本記」という言葉の意味を考えてみると、「臣・連・伴造・国造」は朝廷に仕える諸氏族の姓を並べたもの、「百八十部」は彼らの下で実務を担った多くの集団のことである。つまり、「臣・連・伴造・国造・百八十部、并せて公民等」とは朝廷に属する人間の総称、今風にいえば「全国民」ということになろう。そして「本記」は本源的な記録という意味に解せるので、たとえば系譜のようなものが想定できよう。

「国記、臣・連・伴造・国造・百八十部、并せて公民等の本記」を二書とみなすならば、『国記』は国の歴史を記した書、『臣・連・伴造・国造・百八十部、并せて公民等の本記』は諸氏族の系譜を記した書ということになろうが、両者を一書とみなすならば、それは、副題である「臣・連・伴造・国造・百八十部、并せて公民等の本記」を考慮すると、諸氏族の系譜を中心とした書物ということになろうか。こうした全国的な氏族系譜の集約を、天智《てんじ》朝に全国的な範囲で作成された戸籍である庚午年籍《こうごねんじゃく》（六七〇年）の原形に位置づける見方もある（関根淳『六国史以前』）。

『天皇記』をはじめ、いずれの書物も現存せず、また完成したのかどうかも不明だが、国の成り立ちを整理して記録しようとする修史事業は国家としての自覚の高まりのあらわれであり、国作りの重要な柱でもある。政治家として豊かな経験を積んだ晩年の太子が立案したとしても矛盾はない事業だろう。

ところで、『日本書紀』によると、太子の死からおよそ二十年後の皇極《こうぎょく》天皇四年（六四五）に起きた乙巳《いっし》の変で蘇我氏が討伐されたとき、誅されようとした蘇我蝦夷《えみし》（馬子の子）は所蔵していた『天皇記』と『国記』に火をつけて燃やしたという。だが、『国記』だけは奇蹟的に他の人間によって取り出され、中大兄皇子《なかのおおえのみこ》（のちの天智天皇）に奉献された。

残念ながら、『国記』のその後の消息は不明だが、この幻の書が朝廷に受け継がれたのなら『古事記』や『日本書紀』の原資料のひとつとして活用されたとしても不思議はない。もしそうであったとすれば、現代人も『古事記』や『日本書紀』を介して聖徳太子の事績の一端に触れていることになろう。

遣隋使と聖徳太子

——倭国がめざした大国との対等外交

隋の煬帝を怒らせたのは誰か

「日《ひ》出《い》づる処《ところ》の天子《てんし》、書を日没する処の天子に致す。恙無《つつがな》きや」『隋書《ずいしょ》』「倭国伝」に記録されている、倭国王から隋の煬帝《ようだい》へ送られた国書の有名な一節だ。小野妹子《おののいもこ》を代表とする遣隋使《けんずいし》が隋の都・長安に着いてこの国書を皇帝に提出したのは、推古《すいこ》天皇十五年（六〇七）のこととされている。

煬帝がこの書を見て激怒し、「蛮夷からの手紙のくせに無礼だ。二度と奏上させるな」と鴻臚卿《こうろけい》（外務大臣に相当）に命じたというのもまた有名な話だ。煬帝がはげしく憤ったのは、東夷の小国である倭国の王が中国皇帝と同様に「天子」を称し、対等の関係を結ぼうとしたからである。

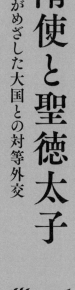

煬帝を怒らせたこの国書については、しばしばその筆者として聖徳太子をイメージして論じられがちで、大国との対等外交を画策したのは太子だったと考えたくもなるが、太子が筆者であることを示す確たる証拠はない。この手紙の送り主は、聖徳太子ではなく、あくまでも倭国王すなわち女帝の推古天皇である。

聖徳太子に対しては、中国や朝鮮からもたらされた、仏教をはじめとする当時の先進的な文物を積極的に摂取したことから、大和朝廷の外交政策にも深く関与したと思っている人も多いかもしれない。

しかし、『日本書紀』や『上《じょう》宮《ぐう》聖《しょう》徳《とく》法《ほう》王《おう》帝《てい》説《せつ》』を読むかぎりでは、太子が外交に深く関わった痕跡は、じつはまったくといっていいほどみられないのだ。

煬帝像　隋の2代皇帝（在位604年～618年）。中国史を代表する暴君といわれる

遣隋使記事になぜか太子は登場しない

倭国と中国との国交は、五世紀後半に雄略《ゆうりゃく》天皇が宋《そう》に使節を送ったのを最後に途絶えていた。それをおよそ百二十年ぶりに再開させたのが、推古天皇であった。

しかも、雄略朝までは中国皇帝からの称号の授与を願う冊封《さくほう》外交だったが、推古朝の場合は冊封は求めず、あくまで対等的な立場での国交をめざしていた。

北朝系の新王朝の隋が中国を統一したのは五八九年のことだが、その十一年後の推古天皇八年（六〇〇）、倭国は第一次の遣隋使を派遣した。難波《なにわ》の港から隋の都・長安まで、航路・陸路あわせて片道三カ月はかかったはずで、一行は数十人には及んだだろう。

その後、同十五年、十六年（二回）、十八年、二十二年と隋への遣使が行われた。合わせると、遣隋使は六回に及んだことになる。最後の遣隋使（六一四年）の四年後には隋が倒され、唐《とう》が建てられている。

遣隋使派遣を介して大陸の制度や文物は積極的に日本に移入された。また、遣隋使には何人もの学生《がくしょう》・学問僧が同行し、現地に残って留学した。これらのことが、倭国

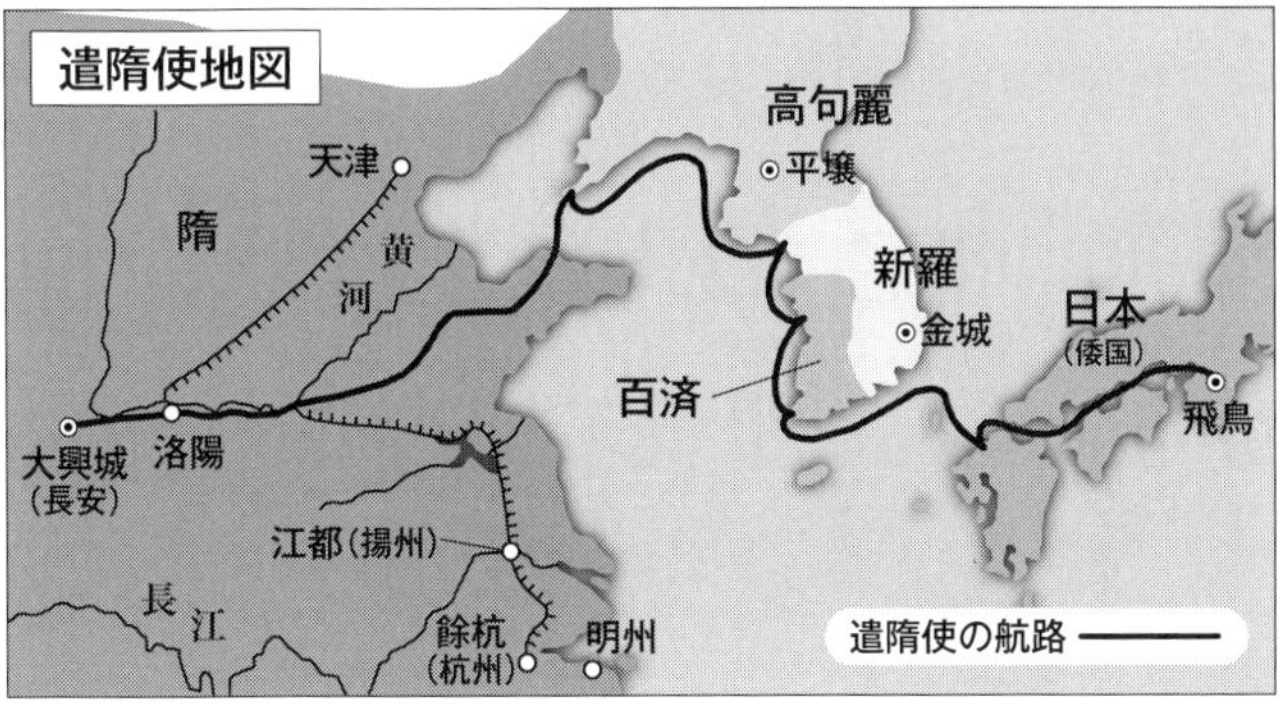

の文化の発達や政治の改革に大いに寄与することになったのである。

ただし、同八年の第一次遣隋使についてはなぜか『日本書紀』に記述がなく、『隋書』に記されているのみである。また、同十五年に煬帝に提出された例の国書については、『日本書紀』にはなんら言及がなく、これもまた『隋書』に記されているのみである。

同十六年の八月には、遣隋使・小野妹子の帰国とともに隋からの使者として裴世清《はいせいせい》が来日し、飛鳥《あすか》の小墾田宮《おはりだのみや》に入って書簡を呈上している。前年、煬帝は激怒したにもかかわらず、答礼の使者を遣わしているのである。何か含むところがあったのだろうか。しかし、後述するが、このとき天皇が裴世清を接見したかどうかについては、議論がある。

だが、これらの遣隋使に関する『日本書紀』の記事にはとくに太子はでてこない。中国との国交再開に前後して、推古朝には同九年（六〇一）から同十一年にかけて朝鮮半島の新羅《しらぎ》との関係に緊張が高まり、新羅征討が計画された。このときに太子の弟の来目皇子《くめのみこ》や当麻皇子《たぎまのみこ》が征討将軍に任じられ九州にまで軍を動かしているが（来目皇子の死去などの事故が続いたため、征討そのものは結局中止になる）、これらにも『日本書紀』の記述からはとくに太子が関わった形跡はみられない。これを太子の考えにもとづくものとする見方もあるが、確証はない。

かろうじて、同十六年八月の裴世清を迎えた小墾田宮での式典には「皇子・諸王・諸臣」が参列したと書かれているので、聖徳太子もこの場にはいたのだろう。

隋の使者が接見した「倭王」は太子のことか

ところが、隋との外交では太子が大きな役割を担っていた、とする見方も根強くある。

その根拠のひとつは、裴世清を歓待した例の式典でのやりとりにある。『日本書紀』はこの式典の様子を詳しく書いているが、それによると、世清は小墾田宮に入ると前庭に進物を置き、二度再拝して「倭皇の朝貢と忠誠をよろこぶ」という旨の国書を奏上した。その国書は阿倍鳥《あへのとり》が受け取って前に進み、さらにそれを大伴囓《おおともくい》が受け取って大門の前の机上に置いて奏上。終わると、退出した。

奏上を受けた推古天皇がその場で何か返答した様子はない。この記述からすれば、世清は天皇と直接対面することはなかったことになる。当時の日本の外交儀礼の慣行では、天皇が外国の使節と直接会見することはまず考えられなかった。

ところが、『隋書』をみると、「その王、清と相見《あいみ》て、大いに悦び」と書かれていて、世清は倭王（天皇）の接見を得たことになっている。

この矛盾をどう考えればいいのだろうか。

『隋書』の記述を信じれば、世清は小墾田宮で「王」と目された人物と会っている。だが、当時の倭国の慣行からすれば、外国使を接見した人物は推古天皇ではありえない。すると、世清はいったい誰と会ったのだろうか。

ここから、世清と会見した「王」とは「摂政」の地位にあった聖徳太子ではなかったのか、世清は太子を「王」と勘違いしたのではないか、という見方が導かれてくるのだ。終始通訳を介してのやりとりだっただろうから、ヒツギノミコとして紹介された太子のことを世清が勘違いして「王」と思い込んだ可能性も考えられる。

そしてこのことから、朝廷の外交を所管していたのはやはり太子ではなかったのか、隋使歓待の儀式の指揮をとったのは太子だったのではないか、という見方も出てくるのである。

『隋書』が言及するアメタリシヒコとは

太子が外交に深く関与していたことをにおわせる材料はまだある。

くだんの『隋書』によれば、六〇〇年に倭王が隋に使者を遣わしたとき（第一回目の遣隋使）、その使者は隋の文帝に対して「倭王の姓はアメ、名はタリシヒコ、号はアホケミである」と答えたという。

また、六〇七年に「日出づる処の天子……」の国書を携行させて遣隋使（小野妹子）を派遣した倭王も「タリシヒコ」であったという。

順逆になるが、まずアホケミは大王と解するのが通説であるものの、原文の「阿輩雞弥」をアヘギミと読んで天君・天王と解する説もある（大野晋氏）。いずれにしても、後世の「天皇」に相当する君主号と考えられる。

一方、アメタリシヒコという姓名はふつうに考えれば男性のもので、女帝推古には合致しない。そのためこれを「天上世界で満ち足りた立派な男子（天子）」という意味の普通名詞、つまり当時の天皇（大王《おおきみ》）一般を表す語と解する説がある。しかし、アメタリシヒコが男性を意味する語であることは疑いえない。そうするとこの言葉を女性の推古天皇に結びつけることには、どう考えても無理があるのではないか。

――そこで浮上してくるのが、やはり聖徳太子なのである。つまり、アメタリシヒコとはじつは聖徳太子のことを指しているのではないか、という説も有力視されているのである。

だが、もしそうなると、聖徳太子は「大王（天君）」を号としていたわけだから、彼は皇太子でも摂政でもなく、皇位についていたのではないか、という話にもなってくる。

この問題については、「女性が国王であることを伝えると、それまで女帝が即位したことのない隋から侮蔑されてしまうから、皇太子の聖徳太子をあえて倭国王として伝えたのだろう」と説明されることがある。たしかに、裴世清が推古天皇と直接会っていないとするならば、隋側は終始、倭国王を男性と認識していたにちがいない。

この説の当否を判断することは筆者には難しい。しかし、もしアメタリシヒコが聖徳太子のことであるならば、隋との外交に太子が主導的な役割を担っていた可能性が高まってくるし、「日出づる処の天子……」の国書に太子の考えが色濃く反映されている可能性も高まってこよう。

対隋外交の主導者は仏教に強い関心をもっていた

遣隋使に聖徳太子が深く関与していたことは、別の観点からも推測することができる。

『隋書』によれば、第二次遣隋使（六〇七年）の大使・小野妹子は、煬帝に対してこう述べたという。

「大海の西方にいる菩薩《ぼさつ》のような天子（海西の菩薩天子）は、重ねて仏教を興隆させたとうかがいました。それゆえ天子を拝礼すべく私たちは遣わされましたが、あわせて仏教を学ばせるために僧侶数十人を同行させせました」

つまり倭国の遣使の目的は、まず何よりも隋の皇帝（「海西の菩薩天子」は煬帝を指すとする説と、初代皇帝・文帝《ぶんてい》を指すとする説がある）による仏教興隆を讃え、僧侶を派遣して仏教を学ばせるためであったというのだ。

また、このとき妹子が呈上した例の国書にある「日出ずる処」「日没する処」という東の倭国と西の隋に対する表現については、仏典の「大智度論《だいちどろん》」の言い回しを借りたものだろうという指摘がある（東野治之《とうのはるゆき》氏）。「大智度論」第十には「経の中に説く如くむば、日出づる処は是れ東方、日没する処は是れ西方」という箇所があるからだ。

こうしたことからすれば、倭国の対隋外交の主導者には、仏教に強い関心をもち、深い知識をもっていた人物の姿がどうしても想定されてならない。そして、当時の大和朝廷の中枢にこれに該当する人物を探すと、やはり聖徳太子にたどりつく。

聖徳太子が現実にどれだけ倭国の外交政策に関わったのかは、結局は謎というほかない。しかし、断片的な史料からは、おぼろげながらも、渡来人に教育を受け、好奇の精神に富み、外交を積極的に推進した太子の姿が浮かび上がってくるのだ。

聖徳太子の仏教信仰

——ほんとうに「法華経義疏」を書いたのか

太子親筆とされる御物「法華経義疏」

皇室に受け継がれている御物《ぎょぶつ》のひとつに、「法華経義疏《ほけきょうぎしょ》（法華義疏）」という全四巻から成る古い巻子本がある。内容は「法華経《ほけきょう》」を注釈したものだが、ただの巻物ではない。

明治十一年（一八七八）に皇室に献上されるまでは法隆寺《ほうりゅうじ》に長く伝えられていたもので、しかも著者は聖徳太子だとされているのだ。おまけに、それは後世に作られた写本などではなく、太子直筆の草稿本だというのである。つまり、千四百年もの昔から伝わってきた、太子肉筆の生原稿ということである。事実とすれば、この書の成立は『古事記』や『日本書紀』のそれを百年もさかのぼることになる。

その証左といわんばかりに、第一巻の巻頭の題名の下にはわざわざ次のように書かれている。

「此是　大委国上宮王私集非海彼本」（此《こ》れは是《これ》、大委国《やまと》の上宮王《じょうぐうおう》の私集、海彼《かいひ》の本に非ず）

この本は倭国の聖徳太子が自身で著したものであって、海外の本ではない――というのである。

はたして「法華経義疏」はほんとうに太子の著作なのか、現在は皇室に伝わるそれが太子自筆のものなのか、ということをめぐっては賛否両論がいまだ唱えられていて決着をみないが、現存する巻子本の製作年代が、内容や字体、書風、紙質などの点から太子の年代までさかのぼりうることは、多くの研究者のあいだで一致した意見となっている。

結局のところ、この問題はつきつめてゆくと、『法華経』の注釈書を著すほど、聖徳太子は仏教を深く理解していたのだろうか」ということになる。

太子の祖父の時代に仏教が公伝

日本への仏教公伝は六世紀なかば、太子の祖父・欽明《きんめい》天皇の時代である。もちろん、それ以前から渡来人などを介して仏教はすでに日本に流入していたはずで、私的なかたちで信仰されることはあっただろう。しかし仏教公伝は、百済《くだら》の聖明王《せいめいおう》が高官を派遣して仏像と経論を天皇に献じ、仏教を大和朝廷に公的に伝えたというところに意義がある。

もっとも欽明天皇は仏教に対して傍観する立場をとり、仏像は大臣の蘇我稲目《そがのいなめ》に預けられ、蘇我氏が仏教に帰依《きえ》することになった。この時期には仏像は「異国の神」として認識され、豪族たちのあいだでもその信仰に対して抵抗があったのである。ところがその後まもなく、疫病《えきびょう》の流行が、物部《もののべ》氏をはじめとする神祇祭祀を重んじるべきとする守旧派によって崇仏と結びつけられたため、仏像は難波《なにわ》の堀江《ほりえ》に流し棄てられ、寺は焼かれ、朝廷が仏教を正式に受容するにはいたらなかった。

太子が生まれたのは敏達《びだつ》天皇三年（五七四）のことだが、このころもまだ仏教は低調だったとみられる。同十三年に稲目の子の馬子《うまこ》が娘を出家させて尼としたり、自邸

仏教公伝　『日本書紀』によれば、百済の聖明王が使者を遣わして、金銅仏一体、幡（はた）・蓋（きぬがさ）などの装飾品、経典を献上したとされる（西村中和画『聖徳太子伝図会』、国立国会図書館）

のそばに仏殿をつくったり、法会《ほうえ》を行わせたりして、崇仏の動きを強めるが、翌年にはまた疫病が流行したため、天皇は仏法の禁止を命じ、ふたたび廃仏が行われた。しかしそれでも蘇我氏は仏法への信仰を棄てなかった。

敏達崩御ののちに即位したのが太子の父・用明《ようめい》天皇だが、用明天皇は病を得ると、仏教に帰依することを公言した。修行僧がもっと信じられた病気平癒の呪術的な験力《げんりき》を期待したのだろうが、仏教帰依を明言した天皇はこれが最初であった。

このようにして仏教は朝廷にも徐々に浸透していった。そして用明崩御後の、太子も参戦したとされる丁未《ていび》の乱（五八七年）で崇仏派の蘇我氏が排仏派の物部氏を倒し、崇峻《すしゅん》天皇元年（五八八）からは馬子の発願によって飛鳥《あすか》に法興寺《ほうこうじ》、通称・飛鳥寺が建てはじめられる。堂舎の完成は推古《すいこ》天皇四年（五九六）、本尊の釈迦《しゃか》如来《にょらい》像が金堂に安置されたのは同十三年と長い歳月がかかっているが、飛鳥寺は僧侶が止住する日本初の本格的寺院で、仏塔を中心に三つの金堂《こんどう》が並び建つ壮大な伽藍《がらん》をもち、国家的寺院としての性格ももった。

これに前後する三宝《さんぽう》興隆の詔《みことのり》（五九四年）の効果もあって、畿内の各地では堂塔建立の槌音《つちおと》が響きはじめた。

経典の講説を行い、『三経義疏』を自ら撰述

朝廷や飛鳥の地に仏教が急速に根づいてゆく流れのなかで、太子は青少年期を送った。日本仏教の黎明を目の当たりにしながら成長したのだ。

そして先に記したように、太子は父方、母方双方から蘇我氏の血を承《う》けているので、幼少のころから仏教に接する機会は人並み以上に多かっただろう。また、太子は高句《こうく》麗《り》からの渡来僧・慧慈《えじ》について仏教を学んでいるが、慧慈はできたばかりの飛鳥寺に

止住したので、飛鳥寺を詣でる機会も多くあったことだろう。馬子の案内を受けたこともあったにちがいない。

瓦を葺いた礎石立ちの堂塔、輝きを放つ金銅の仏像、梵語で唱えられる陀羅尼《だらに》、薫《た》きしめられる香煙、剃髪した異装の僧尼……。都にしだいに広がってゆくエキゾチックな景観が若き太子を強烈に刺激したことは想像に難くない。

だが、太子を魅了したのは仏教の「かたち」ばかりではなかった。太子は仏教の教えそのものにも深く興味を抱き、経論の修学にいそしんだのである。そこが、寺院や仏像といったハードにこだわった蘇我氏との違いだった。

いささか誇張もあると思われるが、『上宮聖徳法王帝説《じょうぐうしょうとくほうおうていせつ》』は太子の仏教修学について、つぎのように書いている。

「聖徳太子は高句麗の慧慈を師とし、涅槃常住《ねはんじょうじゅう》、五種仏性《ごしゅぶっしょう》の理をよく悟り、『法華経』の趣旨を明らかにし、『維摩経《ゆいまぎょう》』の不思議解脱の教えに通じ、なおかつ経量部《きょうりょうぶ》、薩婆多部《さつばたぶ》の論説を知った」

こうした修学の成果のひとつが、「篤く三宝を敬え」と訓戒して仏教を国家の指導理念のひとつに位置づけた憲法十七条なのだろう。そしてまたもうひとつの成果とみられるのが、推古天皇に対する講経《こうきょう》（経典の講義）である。

『日本書紀』推古天皇十四年七月条には次のようにある。

「天皇は聖徳太子に『勝鬘経《しょうまんぎょう》』を講じるように求めた。そこでは太子は三日間で説き終えた」

さらに、この条文につづいて、こう書かれている。

「またこの年、聖徳太子は『法華経』を岡本宮《おかもとのみや》（斑鳩《いかるが》の法起寺《ほうきじ》の前身）で講じた。天皇はたいそう喜び、播磨《はりま》国の水田百町を太子に与えた。太子はそれを斑鳩寺に施入《せにゅう》した」

さらに太子は、たんに講経するだけでなく経疏《きょうしょ》（経典の注釈書）を自ら撰述したと伝えられている。冒頭で触れた「法華経義疏」、そして「維摩経義疏」（「維摩経」の注釈書）、「勝鬘経義疏」（「勝鬘経」の注釈書）の合わせて三書で、まとめて『三経義疏《さんぎょうぎしょ》』と呼ばれる。

『上宮聖徳法王帝説』に「法華等の経疏七巻を造る。号して上宮御製疏《ぎょせいしょ》と曰《い》ふ」とあるのが『三経義疏』の撰述を表しているとされ、また天平《てんぴょう》十九年（七四七）成立の『法隆寺伽藍縁起《がらんえんぎ》并《ならびに》流記資財帳《るきしざいちょう》』に法隆寺所蔵の「上宮聖徳法王御製」として「法華経疏参部各四巻、維摩経疏壱部三巻、勝鬘経疏壱巻」と三書が挙げられているが、これは『三経義疏』のことと考えられている。「法華経義疏（法華義疏）」が「参部」あるというのは、同じものが書写されていたことを示しているのだろう。

「勝鬘経義疏」とよく似た注釈書が敦煌で見つかった

『三経義疏』の原本は当初はすべて法隆寺に存在したらしいが、「維摩経義疏」と「勝鬘経義疏」はその後失われてしまったらしく、現存最古の写本は鎌倉時代のものである。「法華経義疏」のみ「原本」が法隆寺に長く伝存し、明治に皇室に献上されたことは先に記した通りである。

それらは聖徳太子本人の著作と伝えられ、またそう信じられてきたが、近代に入るとこれを疑う説があらわれてきた。仏教公伝からまだまもない時期の日本の仏教理解の水準で、僧侶でもない人物が経典の注釈書など書けるはずがない、というわけである。

一九七〇年代にはこの見方を後押しするような動きが生じた。

中国の敦煌《とんこう》から発見された「勝鬘経」の注釈書（五～七世紀の成立）が「勝鬘経義

疏」の内容と極めて近いことがわかったのである。そのため、敦煌版「勝鬘経」注釈書と伝太子撰「勝鬘経義疏」には共通する祖本があり、その祖本を改修したもの（中国で書かれたもの）が帰国した遣隋使によって日本に伝来し、太子撰「勝鬘経義疏」として流通するようになったのだ、とする見解が注目された（『日本思想大系2　聖徳太子集』所収の藤枝晃氏による「勝鬘経義疏」解説など）。

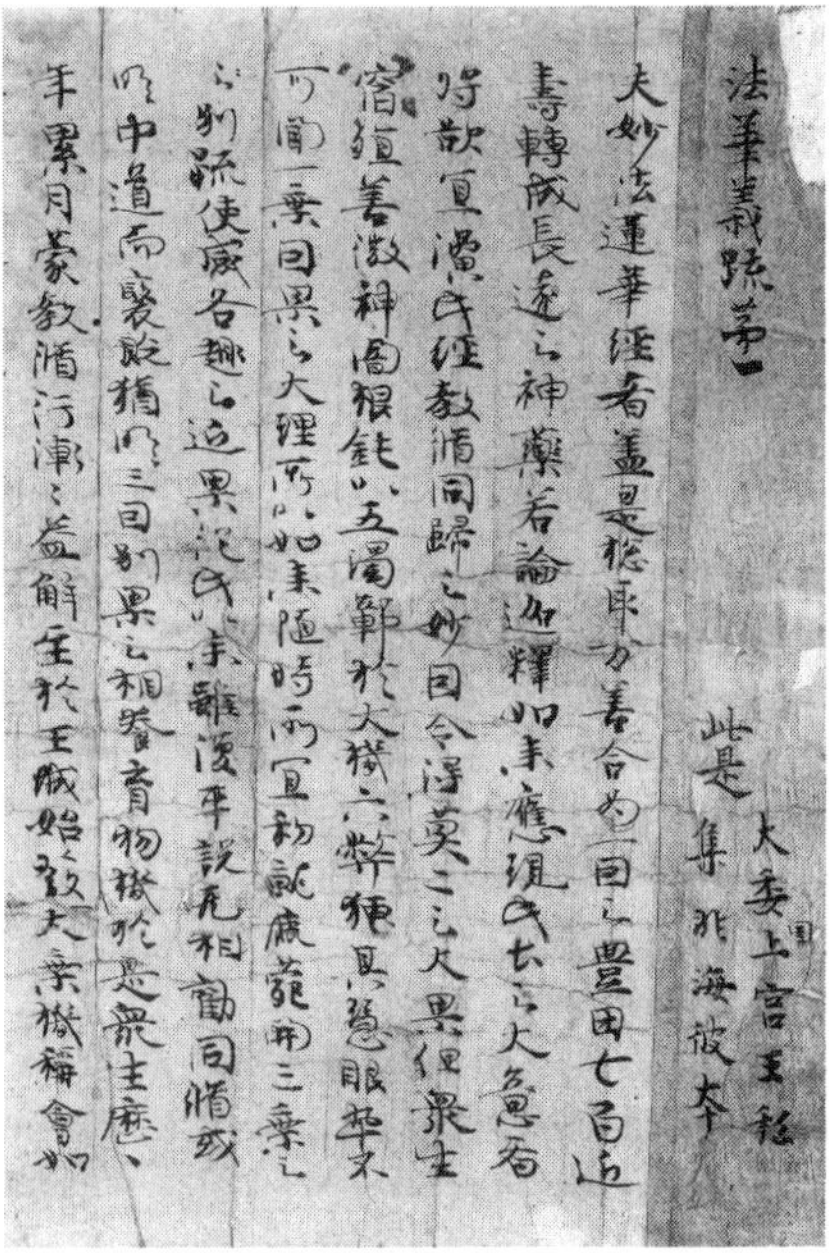

法華経義疏　聖徳太子の作とされ、「法華経」についての注釈を集めるとともに、自らの注釈を施したもの（御物、宮内庁）

また「法華経義疏」の内容についても、中国南北朝時代の梁《りょう》の法《ほう》雲《うん》（四六七～五二九年）が書いた注釈書「法華経義記」に多くを拠っていることがわかっている。

さらに「法華経義疏」に関しては、太子

撰述はもとより太子自筆の書なのかという点が問題になってきたが、少なくとも第一巻の巻頭にある「此是　大委国上宮王私集非海彼本」の文については、奈良時代に付加された書き込みであるとする見解が多くの支持を集めるようになっている。

根本史料である『日本書紀』には、太子が経典を講説したという記載はあるが、注釈を著したという記載がまったくみられないことも、『三経義疏』の著者を太子とする説の大きな弱点となっている。

根強く残る太子真撰説

その一方で、太子真撰を支持する声も少なくない。

たとえば、大陸で見つかった文献と内容が酷似しているからといって、それを偽作や盗作と決めつけることは短絡的だという。

どういうことかというと、古代中国の学問では、著作者のオリジナリティというのは必ずしも重要ではない。先行する優れた研究や注釈にのっとりつつ、それらを新たな視点で取捨選択し、ときに自説を盛り込んでまとめなおすことが重視される。つまり、極端な話、既存の優れた注釈書を加筆しながら引き写しても、それはそれで加筆した人の立派な著作となりうるのだ。聖徳太子の時代の日本でも、同じようなことがあてはまったはずである。

このことを踏まえると、敦煌で見つかった「勝鬘経」の注釈書と「勝鬘経義疏」の内容が、似ているとはいえ、全くおなじものではない――敦煌本の文章のうち、「勝鬘経義疏」と一致するのは全体の約七割――ということは示唆に富む。敦煌版「勝鬘経」注釈書は中国で書かれた先行する注釈書（祖本）を参照・引用してまとめた著作であり、この祖本が遣隋使によって日本にも持ち込まれ、それを太子が参照・引用しながら「勝鬘経義疏」をまとめたと考えることも充分可能だろう。

仏教学者の石井公成《こうせい》氏は、著書『聖徳太子　実像と伝説の間』のなかで「三経義疏は、太子が百済ないし高句麗の僧から種本となった注釈の講義を受け、その通釈を略抄しながら自分の意見を加えていった、といった状況を想定しています」と書いているが、興味深い指摘である。

また、「法華経義疏」については、同書を校注した仏教学者の花山信勝氏（一八九八～一九九五年）は「全四巻にわたって、行間の右脇、または余白への細字書き加え、時には二行割りにした細字の文句追加、貼紙書き改め、文字の上下入れかえ、返り点による上下文字の修訂、消字など、本書の著者でなくては不可能と考えられる、全四巻に及ぶ前後連絡のある統一的加筆修正がなされている」と論じ、その著書・筆者として「現在では上宮王以外の人物を考え得ない結論にまで到達している」と記し、偽書説を一蹴している（岩波文庫『法華義疏』解説）。

『三経義疏』に顕著な在家仏教主義

仮に『三経義疏』が聖徳太子の著作であったとすると、そのことは仏教的にはどんな意味をもつのだろうか。

「法華義疏」の本体である「法華経」は大乗仏教の主要経典のひとつで、その内容は多岐にわたるが、とくに強調されているのが「一乗《いちじょう》」である。

「乗」とは「乗り物」のことだが、人びとを彼岸（悟りの世界）へ運ぶための手段・方法を意味する。仏教にはさまざまな教えがあり、悟りへ至るにもさまざまな方法があるが、それらは方便としてあるにすぎず、じつは仏の真の教えは一つしかない――そう説くのが「一乗」の教えである。

そしてその唯一の教えによって、限られた修行者だけでなく、すべての人が悟りに至りうるのだという。つまり、誰もが成仏できるということである。それは、自己の悟りのみを目指す修行者のあり方を批判し、利他《りた》をめざす大乗仏教の修行、つまり菩《ぼ》薩道《さつどう》を志向することにもつながる。

また「勝鬘経」も大乗経典で、勝鬘夫人《ぶにん》という在俗信者の王女を語り手とし、一乗の教えが説かれている。

「維摩経」も大乗経典で、維摩詰《ゆいまきつ》という裕福な在家信者が仏弟子たちを論破しながら仏教の奥義を説き明かすという構成になっている。

こうしてみると、太子が注釈した三つの経典は、出家よりも在家の立場に寄り添った内容をもっていて、三経が有機的な関係で結ばれていることに気づく。ここには、仏教に深く心を寄せながらも、あくまで在家の身のまま政治を指導しようとした太子が抱いた仏教信仰の特色が表れているのではないだろうか。誰もが成仏できるという一乗思想は、万民を幸せに導くという普遍的な政治理念と親和性があるともいえよう。

太子の仏教理解とは

奈良時代になると仏教は呪術的な側面が注目されて、経典の読誦《どくじゅ》や密教的な修法《しゅほう》によって生じる呪力が国家を守り安泰にしてくれるという「鎮護《ちんご》国家」の考えが広まってゆく。しかし聖徳太子にとって仏教とは、「呪術」ではなく、あくまで「法」（ダルマ）であった。

古代史学者の東野治之《とうのはるゆき》氏はこう記している。

「太子は勝鬘経を推古女帝の御前で講義し、注釈を作ったとされますが、それは朝廷の女性を意識した行為に違いないでしょう。また維摩居士《こじ》は、在家《ざいけ》の皇族として、できることならそれに近づきたい理想像だったのでないでしょうか」（『聖徳太子　ほんとうの姿を求めて』）

まだ仏教がさほど国内に広まっていないなかで、多忙な政務の合間を縫って、このような専門的な注釈書など書けるはずがない、まして三冊など絶対に無理だ――として片付けてしまうのはたやすいことである。

だが、聖徳太子はずば抜けた知力を有したほんとうにスーパーマンのような人物だった、だからこそこれだけ歴史に深く名を留めたのだ――という推理も充分に成り立つはずである。

太子の死とその後

——滅亡した上宮王家一族

倭国に衝撃を与えた太子の死

『日本書紀』によれば、推古《すいこ》天皇二十九年（六二一）二月五日、聖徳太子は斑鳩宮《いかるがのみや》で薨去《こうきょ》した。そのとき、諸王・諸臣と天下の人民は、老人であれば愛児を失ったように、幼児であれば父母を失ったように深く悲しみ、泣き叫ぶ声が往来にあふれ、みながこう言ったという。

「太陽と月は光を失い、天地は崩れ去ってしまった。これから先、いったい誰を頼りにすればよいのだろう」

太子の遺骸は磯長陵《しながのみささぎ》（大阪府南河内《みなみかわち》郡太子町）に葬られた（204ページ参照）。

また、太子の師であった慧慈《えじ》は当時すでに母国の高句麗《こうくり》に帰国していたが、太子薨去の報を受けると深く悲しみ、こう誓願したという。

「倭国の偉大な聖《ひじり》が亡くなった今、私がひとり生き残っても何の益があろう。私は来年の二月五日に必ず死ぬ。そして上宮《うえのみや》太子と浄土でお会いして、ともに衆生を仏教に教化しよう」

はたして、慧慈は誓願通り一年後の二月五日に亡くなった。人びとは「聖であったのは上宮太子だけではなかった。慧慈もまた聖であった」と噂しあったという。

『日本書紀』の太子の死をめぐるこのような記述からは、後世の人間による潤色や神秘化の痕跡も見え隠れするが、朝廷の有力な指導者で、また有力な皇位継承候補であった人物の逝去は、当時の倭国に少なからぬ衝撃を与えたことだろう。

ただし薨去の正確な年月日については、法隆寺《ほうりゅうじ》金堂《こんどう》釈迦《しゃか》三尊像《さんぞんぞう》光背銘《こうはいめい》（113ページ参照）・天寿国繡帳銘《てんじゅこくしゅうちょうめい》（139ページ参照）などの法隆寺系史料が伝える推古天皇三十年（六二二）二月二十二日を採るのが定説となっている。生年を敏達《びだつ》天皇三年（五七四）とすれば、享年は四十九となる。

釈迦三尊像光背銘によれば、まず同二十九年十二月に太子の母・穴穂部間人皇女《あなほべのはしひとのひめみこ》（用明《ようめい》天皇皇后）が亡くなり、翌三十年正月二十二日に太子が病に倒れ、つづいて太子の妃・菩岐々美郎女《ほききみのいらつめ》も罹病。そして二月二十一日に妃が亡くなり、その翌日に太子が没したという。関係の深い三人が短い期間に相次いで亡くなっているので、死因は伝染病であった可能性もある。

太子没後に生じた皇位継承争い

聖徳太子の没後、推古天皇の後継者には有力な人物が二人いた。

ひとりは太子の嫡子で、蘇我馬子《そがのうまこ》の娘・刀自古郎女《とじこのいらつめ》を母とする山背大兄王《やましろのおおえのみこ》。生年は不明だが、仮に太子が二十歳のときに生まれた子だとしたら、太子が没した推古天皇三十年（六二二）の時点で三十歳である。

二人目は、敏達天皇の孫で、馬子の娘・法提郎媛《ほほてのいらつめ》を妻としていた田村皇子《たむらのみこ》である。

そして同三十六年三月に推古天皇は病没するのだが、死の直前、推古はこの二人をそれぞれ病床に呼んで、皇位継承に関わる遺勅を伝えている。

ところが、『日本書紀』によれば、それは田村皇子に対しては「皇位に就くことは重大な問題なので、慎重に考え、軽々しいことを言ってはなりません」、山背大兄王に対しては「あなたは未熟です。群臣の言葉を待って、それに従いなさい」という曖味な内容で、結局どちらを後継に指名したのか判然としないものだった。聖徳太子という意中の後継者を失ったショックからいまだ立ち直りきれなかった推古は、最後まで代わりの後継を決めかねていたのかもしれない。

そのため、推古の葬礼が終わってもつぎの天皇は決まらず、群臣たちのあいだでも意見が分かれた。

馬子の子で、馬子の死後に大臣《おおおみ》となっていた蘇我蝦夷《えみし》は田村皇子を推したが、蘇我一族の長老格で、聖徳太子の側近だった境部摩理勢《さかいべのまりせ》は山背大兄王を推した。そのため、蝦夷と摩理勢の対立が強まり、最終的には蝦夷は軍兵を遣わして摩理勢を殺害してしまう。

この殺害事件の前に、山背大兄王は摩理勢に対して、父・聖徳太子が亡くなる直前に子供たちに語ったというつぎのような言葉を引いて、軽率な挙兵を戒めている。「諸《もろもろ》の悪《あしきこと》な作《せ》そ。諸の善《よきわざ》奉行《おこな》へ」(諸々の悪をするな。諸々の善を行え)

太子の遺言とされるこの言葉は仏教では「七仏通戒偈《しちぶつつうかいげ》」として知られる詩句の一部で、シンプルではあるが、仏教全体の基本教理ともいえるものである。ここにも本質を見誤らない、太子の仏教信仰の特色があらわれているといえる。

この事件を受けて即位したのが田村皇子、すなわち舒明《じょめい》天皇である。一方の山背大兄王は朝廷内で孤立するようになった。

蘇我氏に滅ぼされた山背大兄王とその一族

舒明天皇の崩御後は皇后であった宝皇女《たからのひめみこ》が即位して皇極《こうぎょく》天皇となった。この時期には、山背大兄王と、舒明天皇と法提郎媛の子である古人皇子《ふるひとのみこ》の二人が皇嗣の有力候補となった。二人とも蘇我氏の血を承けていたが、父・蝦夷に代わって蘇我氏の実力者になっていた入鹿《いるか》が支持したのは、皇統の血が濃い古人皇子だった。

そして蘇我氏の権勢が強まるなか、皇極天皇二年（六四三）十一月、入鹿はついに挙兵して聖徳太子以来の上宮王家の本拠である斑鳩宮を急襲した。不意討ちを受けた山背大兄王は一族を率いていったん生駒《いこま》山に逃げ、四、五日隠れ潜む。この間に斑鳩宮は入鹿の軍によって火をつけられ、焼かれてしまった。

追いつめられた山背大兄王と一族は山を出て、斑鳩寺（斑鳩宮の隣にあった、現在の法隆寺の前身）に入った。だが、寺は入鹿側の軍兵に取り囲まれてしまう。

すると山背大兄王は「ここで兵を起こせば必ず勝つことができようが、私は自分の身のために人民を殺傷したくない。我が身をいさぎよく入鹿に与えよう」と言い、自ら縊死《いし》した。彼の一族もともに自害して果てたという。

これによって上宮王家は滅亡した。聖徳太子の子孫はいっぺんにこの世から消し去られてしまったのである。

もっとも、太子一族を亡ぼした入鹿とその父・蝦夷も、この二年後には中大兄皇子《なかのおおえのみこ》（のちの天智天皇《てんじ》）・中臣鎌足《なかとみのかまたり》らの主謀で起きた一大クーデター・乙巳《いっし》の変によって討伐され、蘇我氏も一気に没落してしまう。

山背大兄王の人物像は『日本書紀』のなかではあまりはっきりしないが、彼の命は、妻子と係累を巻き添えにしながら、聖徳太子亡き後の皇族・豪族が複雑にからみあった政権闘争の犠牲になったといえる。

だが、一族滅亡という悲劇が、聖徳太子への追慕をより一層うながし、太子の神秘性の度合いを強めることにもつながったのである。

コラム❶

聖徳太子の妻たち

聖徳太子には少なくとも四人の妃がいた。いずれも結婚時期が不明で、生没年もひとりを除いて不明だが、『日本書紀』と『上宮聖徳法王帝説《じょうぐうしょうとくほうおうていせつ》』によると、その四名はつぎのようになる。

菟道貝蛸皇女《うじのかいたこのひめみこ》：敏達《びだつ》天皇とその皇后・豊御食炊屋姫尊《とよみけかしきやひめのみこと》（のちの推古《すいこ》天皇）との間に生まれた。

菩岐々美郎女《ほききみのいらつめ》：膳夫人《かしわでぶにん》、膳大郎女《かしわでのおおいらつめ》などともいう。膳傾子《かしわでのかたぶこ》の娘。春米女王《つきしねのひめみこ》、長谷王《はつせのみこ》、久波太女王《くわたのひめみこ》、波止利女王《はとりのひめみこ》、三枝王《さきくさのみこ》、伊止志古王《いとしこのみこ》、麻呂古王《まろこのみこ》、馬屋古女王《まやこのひめみこ》の、合わせて八人の子をもうけた。法隆寺金堂《ほうりゅうじこんどう》本尊の釈迦三尊《しゃかさんぞん》像は、その光背銘《こうはいめい》にもとづけば、太子の治病のために、菩岐々美郎女とその子供たちの発願によって造立されたものであり、菩岐々美郎女は推古天皇三十年（六二二）二月二十一日に、太子はその翌日に亡くなった。

なお、膳氏は天皇や朝廷の食事の調進に奉仕した伴造《とものみやつこ》氏族だが、雄略《ゆうりゃく》朝からは軍事・外交にも携わった。膳傾子は物部守屋《もののべのもりや》討伐の丁未《ていび》の乱で蘇我側の軍に加わっている。傾子の別の娘・比里古女郎《ひろこのいらつめ》は太子の弟・来目皇子《くめのみこ》に嫁いでいる。膳氏の本拠は斑鳩《いかるが》で、太子が斑鳩宮を築いたのは、その縁とする説がある（91ページ参照）。

放光寺　片岡王寺とも称し、聖徳太子の娘・片岡女王が開いたとする説がある（奈良県北葛城郡王寺町）

刀自古郎女《とじこのいらつめ》：蘇我馬子《そがのうまこ》の娘。太子の嫡子となった山背大兄王《やましろのおおえのみこ》、財王《たからのみこ》、日置王《へきのみこ》、片岡《かたおかの》女王《ひめみこ》の、合わせて四人の子をもうけた。

位奈部橘王《いなべのたちばなのみこ》：橘大女郎《たちばなのおおいらつめ》とも書かれる。敏達天皇と豊御食炊屋姫尊（のちの推古天皇）の間に生まれた尾張皇子《おわりのみこ》の娘。白髪部《しらかべの》王《みこ》、手嶋女王《てしまのひめみこ》を生む。太子の菩提《ぼだい》を弔うために「天寿国繍帳《てんじゅこくしゅうちょう》」（中宮寺《ちゅうぐうじ》蔵）の制作を発願したとされる女性。

　血統からみると、敏達と推古の娘である菟道貝鮹皇女がおそらく太子の正妃だったと思われるが、史料には子供の名が見えないので、子に恵まれなかったらしい。位奈部橘王は菟道貝鮹皇女の姪にあたる女性なので、彼女と太子の結婚は、菟道貝鮹皇女が没してから、

山背大兄王の墓　法輪寺から法起寺への途中にある丘陵地（岡の原）は墓と伝えられる（奈良県生駒郡斑鳩町）

推古天皇が太子との結びつきを確保しつづけるために認めたものと考える説がある（石井公成《こうせい》『聖徳太子　実像と伝説の間』）。

刀自古郎女と太子の結婚は、太子と蘇我一族のきずなを強めるための政略結婚の度合いが濃いものだったのだろう。ちなみに、刀自古郎女の子の山背大兄王は、菩岐々美郎女の娘の春米女王を妻としている。

菩岐々美郎女は子の数も多く、最後は太子と並んで病床に伏し、連れ立つように亡くなっている。四人の中でもっとも太子に愛された女性だったのだろう。だが、太子が妃たちともうけた子女のほとんどは、蘇我入鹿《いるか》による皇極《こうぎょく》天皇二年（六四三）の斑鳩急襲で亡くなってしまったのである。

斑鳩と法隆寺の謎

第2章

斑鳩宮

――なぜ太子は斑鳩の地を選んだのか

聖徳太子の里、斑鳩

奈良の斑鳩《いかるが》（奈良県生駒《いこま》郡斑鳩町）といえば、聖徳太子ゆかりの法隆寺《ほうりゅうじ》が建つ土地として有名で、なかば聖徳太子の代名詞となっているが、太子と斑鳩の結びつきは、ここに太子が自分の宮室、斑鳩宮《いかるがのみや》を築いたことにはじまる。

『日本書紀』によれば、太子が生駒山脈の南端にあたるこの地に宮室を建てはじめたのは推古《すいこ》天皇九年（六〇一）、二十八歳のときで、実際に斑鳩宮に移り住みはじめたのは推古天皇十三年、三十二歳のときである。それまでは父・用明《ようめい》天皇の宮殿だった池辺双槻宮《いけのへのなみつきのみや》の近くにあったとされる上宮《うえのみや》（場所については諸説ある。158ページ参照）におもに住んでいたと考えられている。

そして、太子は後半生を斑鳩で送ることになった。

イカルガというのは典雅な響きをもつ言葉だが、この地名の起源は定かではないものの、「古くからこの地に生えていた槻樹《つきのき》の大木に斑鳩という鳥が数多く生息していたこと」にちなむとする説がある（高田良信『法隆寺の謎と秘話』）。

ちなみにスズメ目アトリ科にイカルガあるいはイカルとも呼ばれる渡り鳥があって、全長は二三センチほど、大きな黄色いくちばしを特徴とし、翼には白い斑紋がある。「斑鳩」という表記は羽の斑と関係があるのだろうか。地元の人の話では、イカルは現在でも十一月ごろになると斑鳩付近に飛来するそうだ。

そして太子は斑鳩宮のそばに本格的な寺院も建立した。これが現在の法隆寺のルーツである。

現在の斑鳩 法隆寺のある斑鳩の里を流れる竜田川は紅葉の名所として知られる（奈良県生駒郡斑鳩町）

斑鳩と太子ゆかりの氏族との結びつき

法隆寺については次項で詳述するので、ここでは斑鳩宮に焦点をあててみよう。

斑鳩は古くは平群郡《へぐり》に属し、推古朝に都があった飛鳥からは北西に二〇キロばかり離れている。なぜ、聖徳太子はこの地を居所に選んだのだろうか。太子と斑鳩にはどのような因縁があったのだろうか。

鎌倉時代の法隆寺僧・顕真《けんしん》が記した『聖徳太子伝私記』（一二四〇年頃成立）には、太子と斑鳩のゆかりとして、つぎのような説話が記されている。

太子が十六歳のとき、堂塔を建てる土地を探して平群郡の椎坂《しいさか》という地に至ると老翁に出会った。翁は太子を斑鳩に導き、「ここは仏法が久しく止住する土地で、伽藍《がらん》の建立に適している」と述べた。その老翁は平群郡の地主神である龍田《たつた》明神《みょうじん》の化身だったという。

しかし、これはあくまでも伝説である。

太子が斑鳩を選んだ理由について明記する史書は見あたらないが、仮説はいくつか唱えられている。

ひとつは、太子妃の一人、菩岐々美郎女《ほききみのいらつめ》（膳大郎女《かしわでのおおいらつめ》）に注目するもので、仏教史学者の田村圓澄《えんちょう》氏が唱えた説だ。菩岐々美郎女は膳傾子《かしわでのかたぶこ》の娘で、膳氏の出身だが、膳氏の本拠地は斑鳩だったと考えられるという。なぜなら、『日本書紀』を読むと、雄略《ゆうりゃく》天皇の時代に新羅《しらぎ》を救援するために朝廷によって高句麗《こうくり》に派遣された兵の一人に膳氏の先祖とみられる「膳斑鳩《かしわでのいかるが》」という人物が出てくるが、これは膳氏が斑鳩の地を本拠としていたことをあらわしているからだ、というのだ。

さらに田村氏は、膳氏は雄略朝の例にみられるように朝鮮半島諸国と関わりをもっていたので、早くから仏教事情にも通じていたはずであり、斑鳩には早くから（太子が斑鳩に移住する前から）膳氏の私寺があったのではないか、太子が菩岐々美郎女を妃に迎えたのは、膳氏が開明的で仏教に理解をもっていたことが理由になったのではないか、という大胆な推察も披露している（『仏教伝来と古代日本』）。

だが、膳斑鳩という人物名以外には斑鳩を膳氏の本拠とする確たる論拠がないというのが、この説の弱点だろう。

一方、膳氏ではなく山部《やまべ》氏に注目する説もある（岸俊男氏、吉村武彦氏）。斑鳩付近は、奈良時代の地名でいえば大和国平群郡夜摩《やま》郷に属するが、夜摩郷はもとは山部郷といい（八世紀後半、桓武《かんむ》天皇となった山部親王の名を避けて夜摩と改名）、山部氏の本拠であった。山部氏は、諸国に設けられた山林を管理する部民《べのたみ》（山部）や山林の産物を貢納する部民（山守部《やまもりべ》）を管掌した伴造《とものみやつこ》系氏族だが、山林から産出する木材の調達に関わっていたことから、宮の建設や寺院の建立にも関係を有していたという（吉村武彦『聖徳太子』）。

つまり、聖徳太子は新たな宮と寺院の建立にあたって、こうした仕事に携わってきた山部氏に着目し、彼らの本拠地を新居の場に選んだというプロセスが考えられるわけだ。

法隆寺に伝えられていた幡《ばん》には、その銘文から、七世紀後半に山部氏が法隆寺に寄進したものであることが判明しているものが見つかっている。山部氏と斑鳩、法隆寺、そして聖徳太子のあいだに、無視しがたい結びつきがみられるのである。

斑鳩と要地をつなぐ大和川と太子道

氏族ではなく、率直にその地勢に着目する見方もある。

斑鳩は地形的にみると奈良盆地を流れる川が集まるところで、水運を利用する場合では、難波《なにわ》（大阪市）と大和（奈良県）を結ぶ交通路の要衝に位置しているのだ。

難波から大和盆地の飛鳥をめざす場合、まず大和川をさかのぼり、現在の奈良県王寺町《おうじちょう》をへて、斑鳩のすぐ南を通り、さらに大和川の支流である飛鳥川《あすか》や初瀬川《はせがわ》をさかのぼり、飛鳥に上陸した。

現在の大和川や飛鳥川の水量はたいしたことはないが、古代には水量が豊富で流れもはげしかったといわれる。いってみれば、斑鳩は古代の高速道路沿いの土地だったのである。

多くの荷物を抱えて隋や朝鮮半島の国々からやってきた使節は、難波から船を使って飛鳥に入ったはずである。

推古天皇十六年には隋の遣使・裴世清《はいせいせい》が来朝しているが、そのときには斑鳩宮は完成し、その隣には寺院（法隆寺の前身）の主要部分もすでに建っていたと考えられている。このことを踏まえて、東野治之《とうのはるゆき》氏はこう指摘している。

「斑鳩は、飛鳥に向かう外国使節に対し、船上からはるかに宮と寺を遠望させる絶好のロケーションにあったのです。…（中略）…裴世清たちは、船からその堂塔を見て、倭国での仏教の盛んさを実感したのではなかったでしょうか」（『聖徳太子　ほんとう

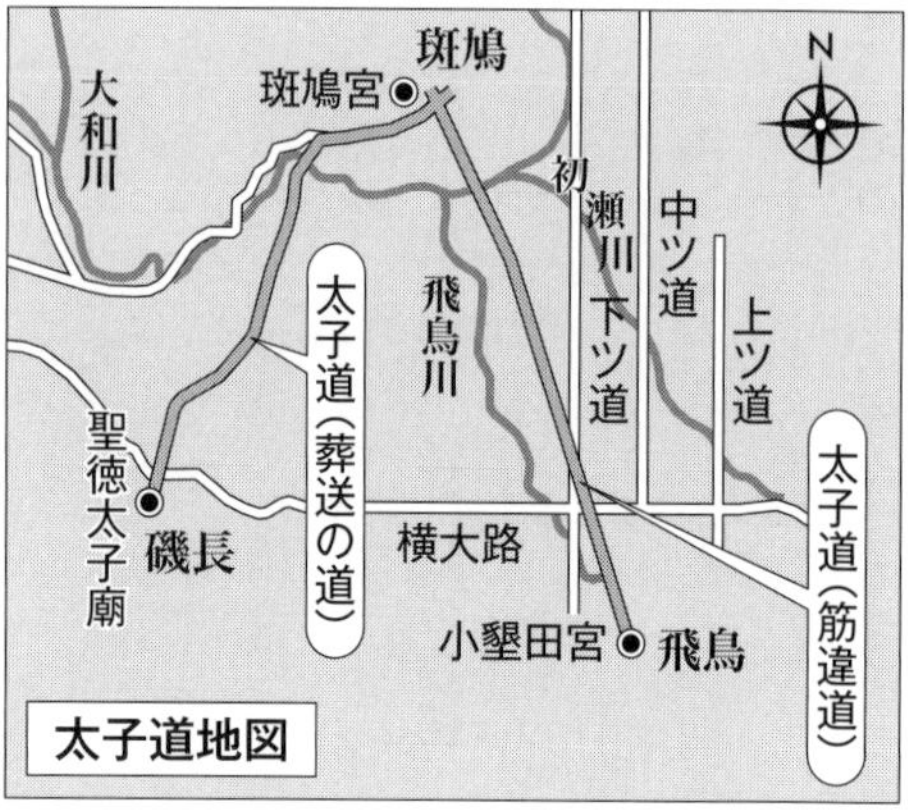

の姿を求めて』）

つまり、「倭国の文化をさりげなく、品よく誇示したい」という太子の思いが斑鳩の地の選定に結びついた、という捉え方であろう。

ただしその一方で、「聖徳太子は、蘇我馬子に政治の実権を握られたため、政務から退くために斑鳩に移住したのだ」「世俗を捨てて仏道に専念すべく斑鳩に隠遁したのだ」とするネガティブな見方があることも付記しておきたい。

ところで、斑鳩宮の造営にともない、飛鳥と斑鳩の往来のために「太子道《たいしみち》」が整備されたといわれていて、太子は愛馬の黒駒に乗り、調子麿《ちょうしまろ》（調子丸《まる》）という従者を従えて日々この道を通ったと伝えられている。太子道は斑鳩から飛鳥に向かって南南東に向かう、斜めに走る直線道なので、「筋交《すじか》い道」（筋違道）などとも呼ばれる。斑鳩から飛鳥まで直線距離ではおよそ一五キロ。馬に乗ってゆっくり進んだとして、片道およそ二時間ほどだろうか。

現在も太子道の名残りをところどころに見出すことができ、この古道沿いと考えられる場所に太子の黒駒が葬られたと伝えられる駒塚（駒塚古墳）や調子麿の墓と伝えられる塚（調子丸古墳）もあって、興味をそそる。

発掘調査で明らかとなった斑鳩宮の実像

太子が建立した斑鳩宮は、太子の死後は跡取りの山背大兄王《やましろのおおえのみこ》に引き継がれたが、第一章で触れたように、太子の死からおよそ二十年後の皇極《こうぎょく》天皇二年（六四三）、山背大兄王を襲撃した蘇我入鹿《そがのいるか》の軍勢によって焼き払われ、焼亡してしまった。

幻となった斑鳩宮は、どのような建物だったのだろうか。

現在の法隆寺の広大な境内は、大きくは、金堂《こんどう》を中心とする西院伽藍《さいいんがらん》と、夢殿《ゆめどの》を中心とする東院《とういん》伽藍（古くは上宮《じょうぐう》王院とも呼ばれた）に分けられるが、東院伽藍は、失われた斑鳩宮の跡地にあたると考えられている。伝説では、聖徳太子はしばしば夢殿にこもって瞑想にふけったことになっているが、実際には斑鳩宮の跡地に奈良時代に入ってから造営されたのが夢殿であり、東院伽藍なのである。

そして昭和以降に東院伽藍で発掘調査が行われるようになってから、おぼろげではあるが、斑鳩宮の実像が明らかになってきた（以下の説明は、おもに令和二年十月に斑鳩文化財センターで開催された特別展「聖徳太子の足跡　斑鳩宮と斑鳩寺」の図録による）。

昭和九年（一九三四）、夢殿の北方に建つ舎利殿《しゃりでん》と絵殿、伝法堂の解体修理が行われた際、これにともなって発掘調査も行われた（第一次調査）。すると建物の下層から掘立柱《ほったてばしら》建物の遺構（柱穴）が検出された。礎石を置かずに、柱を直接土中に埋め込んで建てられる掘立柱建物は、縄文時代からみられる日本の伝統的な建築である。

しかもその建物群は、地層や柱穴の重なり具合などから、三つの時期に分けられることがわかり、一番古いⅠ期の建物は聖徳太子の時代の斑鳩宮、つぎのⅡ期の建物は山背大兄王の時代の斑鳩宮と推定された。また、その後の調査では、これらの建物群が宮域の中心部ではなく、南東隅に位置していたものであることがわかった。

出土遺物としては蓮華文の丸瓦や唐草文の平瓦が注目され、これらは斑鳩宮の南東部に山背大兄王によって建てられた小規模な仏堂に葺《ふ》かれた瓦であったと推定されている。つまり、法隆寺とは別に、宮の敷地にも仏教施設が存在していたと考えられるのだ。

考古学的にも実証された斑鳩宮の焼亡

さらに、伝法堂の地下からは焼けた壁土や炭が出土した。これは長らく公開されていなかったが、近年、法隆寺の資料を保管している倉庫から「伝法堂出土壁土」と記された木箱が見つかり、中には表面が赤褐色などに変色した壁土の破片がおよそ三十個納められていた。伝法堂については過去に火災の記録がないことから、この変色した壁土は皇極天皇二年の斑鳩宮焼失の痕跡と考えられている。日本の宮殿建築の部材としては、現存最古のものになる。

考古学的な調査によって、『日本書紀』の記述の正しさがしだいに確かめられつつあるようだ。

もし太子が長生きをし、推古天皇の崩御後に皇位についていたら、斑鳩宮は宮都へと変容していただろうか。

そのすぐ隣には荘厳な寺院が建っていたわけだから、太子のもとで朝廷は仏教をより積極的に政治に採り入れ、日本仏教は現代の我々が知っているものとは全く異なる歴史をたどることになったにちがいない。

法隆寺と若草伽藍
――法隆寺の草創と再建をめぐる謎

参道に植わる太子ゆかりの松

ＪＲ法隆寺《ほうりゅうじ》駅から徒歩で法隆寺（奈良県生駒《いこま》郡斑鳩《いかるが》町法隆寺山内）に向かう場合は、国道二十五号線を横断してから、荘重な南大門《なんだいもん》まで真っすぐにつづく参道を歩くことになる。二〇〇メートルほどの美しい松の並木道である。朝早くや夕方であれば人影も少なく、あたりは静けさに包まれている。砂利道を踏み進めてゆくにつれ、千四百年の昔にかえったかのような心のしずまりをおぼえるはずだ。

法隆寺の参道が松並木になっているのは、聖徳太子にゆかりがあるともいわれている。こんな伝説があるからだ。

わずか三歳の太子が、両親に連れられて宮の園に遊んだとき、父の用明《ようめい》天皇が太子にこう尋ねた。

「我が子よ、おまえは桃の花と松の葉のどちらが好きか」

すると太子は「松葉が好きです」と答えた。用明が「それはなぜだね」と尋ねると、太子はこう答えた。

「桃の花は美しいけれど、すぐに散ってしまいます。けれども松は一年中青々としていて変わることがありませんから」

これを聞いた用明は太子の頭をなで、からだを抱き上げた。

太子の類まれな聡明さを語ろうとする伝説のひとつである。

法隆寺参道　途中に「聖徳宗総本山 法隆寺」と書かれた石碑が立つ（奈良県生駒郡斑鳩町）

天智朝以降の再建である西院伽藍

前項でも触れたが、現在の法隆寺の広大な境内は東院伽藍《とういんがらん》と西院伽藍《さいいん》に大きく分かれており、この二つの伽藍の総称が「法隆寺」ということになっている。

しかし歴史的に見ると、東院と西院はまったく別個の寺といっていいほどに異なる性格をもっている。大雑把にいうと、聖徳太子の斑鳩宮《いかるがのみや》の跡地に奈良時代に建てられたのが夢殿《ゆめどの》を中心とする東院である。一方の西院は金堂《こんどう》と五重塔を中心とし、本来、法隆寺といえばこちらの伽藍を指した。そして平安時代後半になって、西院に吸収されるようなかたちで東院は法隆寺に組み込まれたのである。

なお、法隆寺は創建以来、特定の宗派には属さなかったが、明治時代になると当時の宗教政策の影響で真言宗、つぎに法相宗《ほっそうしゅう》に所属した。しかし昭和二十五年（一九五〇）には法相宗を離脱して独立し、新たに「聖徳宗」を開宗して現在にいたっている。

さて、東院については別項で詳述するので、ここでは西院についてみてゆきたい。かつては西院伽藍については、聖徳太子が生前に建てた推古《すいこ》朝の堂塔であり、創建時の建物がそのまま保たれてきたと考えられ、またそう信じられてもきた。

しかし現在では、考古学的な発掘調査などを踏まえて、斑鳩の里に現存する建物が創建時のものではなく、天智《てんじ》天皇九年（六七〇）に当初の建物が火災で焼亡してしまった以降に再建されたものであることが、ほぼ確証されている。つまり、われわれが目にすることができる法隆寺は、再建物なのだ。

斑鳩宮とあわせて建立された初代法隆寺

そこで、再建説にもとづきながら法隆寺の歴史をたどってみよう。

『日本書紀』で最初に法隆寺が登場するのは、推古天皇十四年（六〇六）是歳条《このとし》である。同条によると、この年、「法華経《ほけきょう》」を岡本宮《おかもとのみや》で推古天皇の前で講じた聖徳太子は、天皇から播磨《はりま》国の水田百町を与えられた。すると太子はその土地を斑鳩寺に布施《ふせ》として納めた。

「岡本宮」は、斑鳩町岡本にある法起寺《ほうきじ》、別名岡本寺の前身とする説が有力である。そして太子が土地を施入した「斑鳩寺」とは、法隆寺のことをさしている。飛鳥・奈良時代の仏教寺院は仏教用語を使った中国風の名称と、地名などによった和風の名称の二名をもつのがふつうだった。「法隆寺」という名称は前者で、おそらく「仏法興隆」の意であり、「斑鳩寺」は後者にあたる。

さて太子は、この「法華経」講説の前年に飛鳥から斑鳩宮に移り住んでいる。『日本書紀』は法隆寺がいつ誰によって創建されたかを記録していないが、最初の法隆寺は斑鳩宮の造営にあわせてその隣接地に太子の発願によって建立されていたと考えられている。したがって、推古天皇十四年是歳条の記述を信用するならば、遅くとも法隆寺はこの年までには、つまり推古朝の前半までには創建されていたことになる。

ちなみに、法隆寺金堂に安置されている薬師如来像《やくしにょらい》の光背銘文《こうはい》には、「用明天皇の遺願により、推古天皇と聖徳太子が推古天皇十五年（六〇七）に寺と薬師像をつくった」といったことが書かれている。つまり、法隆寺は六〇七年に創建されたといっているわけだが、この銘文については書風・文体・語句などの点から後世に造作された可能性が指摘されていて、そのまま信用することは難しいとされている。

『日本書紀』に明記された初代法隆寺＝若草伽藍の全焼

『日本書紀』でつぎに法隆寺が登場するのは、皇極《こうぎょく》天皇二年（六四三）十一月一日条だ。

すでに聖徳太子がこの世を去ってすでに二十年がたっていたが、この日、斑鳩宮にいた太子の遺児・山背大兄王《やましろのおおえのみこ》は、権勢を強めていた蘇我《そが》氏の急襲を受ける。山背大兄王は一族とともに宮を脱出して生駒山に逃げ込むが、宮は蘇我軍によって焼かれてしまった。山背大兄王たちは四、五日ほど山に身を隠したのち法隆寺に入るが、やがて蘇我軍に包囲され、山背大兄王は一族とともに自死してしまう（82ページ参照）。

上宮《うえのみや》王家滅亡を語る陰鬱な記事だが、斑鳩宮の焼失については明言されているものの、法隆寺については、焼けたとか破却されたとかいったことは記されていない。あるじ亡きあとも、法隆寺はとりあえず温存の処置がとられたとみられる。

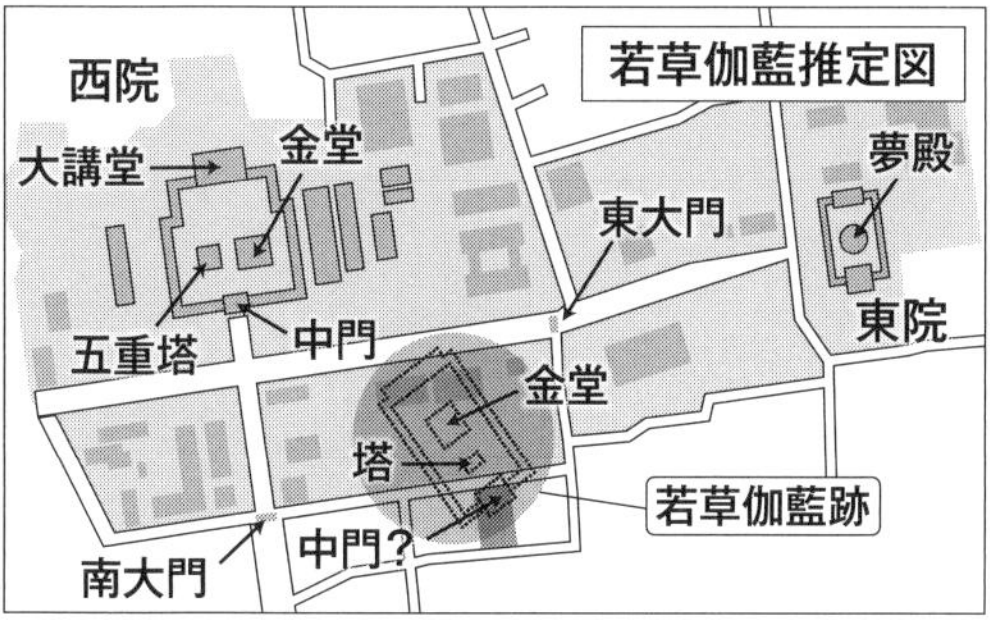

しかし、安穏もつかの間であった。『日本書紀』の天智天皇九年（六七〇）四月三十日条にはつぎのように書かれている。

「夜半之後《あかつき》に、法隆寺に災《ひつ》けり。一屋も余《のこ》ること無し。大雨《ひさめ》ふり雷《いかづち》震《な》る」

この日の世明け、法隆寺で火事がおこり、伽藍が全焼してしまったというのである（前年の同八年条にも法隆寺火災の記事があるが、全焼したとは書かれていない）。

そしてこの記事以降、『日本書紀』には法隆寺は登場せず、その再建をにおわせる記述もみあたらない。

かつては、この法隆寺火災記事を『日本書紀』編者による誤記と曲解し、現存する法隆寺をあくまで推古朝の創建のままとする説があり、一定の支持も得ていた。

ところが、昭和十四年（一九三九）から実施された発掘調査によって、法隆寺再建説がたしかめられることになった。調査の結果、西院境内の東南隅（普門院・実相院の裏側に広がる空き地）に、塔と金堂を南北に並べた四天王寺《してんのうじ》式伽藍配置の寺跡が確認されたからだ。そこは古くから「若草」と通称されていた場所で（その一帯に緑の芝生が多かったからだろう）、塔の礎石（心礎）らしいものも見つかっていた。そのため、この地にあったと推定される寺院は「若草伽藍」とか「若草寺」と呼ばれた。

ちなみに、現在の法隆寺は金堂と塔が東西に並んでいて、これを法隆寺式伽藍配置という。

若草伽藍跡で見つかった日本最古の寺院壁画

もっとも、古い時代に本寺（西院伽藍）と若草伽藍の二寺が同時期に併存している可能性も考えられるわけだが、注目されたのは、若草伽藍跡の中心線は西側に傾いていて、西院伽藍の中心線の方位とは明らかにずれがあったことである。もし両寺が併存していたなら、このような方位差が生じることはありえないはずだ。

しかも、若草伽藍跡から出土した軒瓦《のきがわら》は西院伽藍のそれより古い様式のものであった。

このようなことから、若草伽藍跡は推古朝に創建された初代の法隆寺の遺構であることがほぼ明らかとなり、そしてまた現在の法隆寺が、皇極朝に起きた初代法隆寺＝若草伽藍の焼失ののちに再建されたものであることが実証されたのである。

若草伽藍跡の発掘調査はその後も何度か行われているが、平成十六年（二〇〇四）度の調査では、瓦を中心とした遺物が大量に出土した。これらのなかには焼けた壁土も相当量含まれており、初代法隆寺の火災焼失を裏づけるものとなった。

また焼けた壁土のなかには、彩色が施された壁面を残しているものもあった。これは堂塔の壁画の痕跡と考えられている。小片のため図柄は不明で想像するほかないが、仏教的な絵画が描かれていたのだろう。西院伽藍の金堂内壁の壁画と同じように、美麗な浄土図や飛天図が描かれていたのだろうか。図柄が不明とはいえ、現存する寺院壁画としては日本最古の貴重なものである。

初代の法隆寺も、現在のものと比べて遜色のない、壮麗な伽藍であったのだろう。

再建がはじまったのは六七〇年代か

一方、現存する西院伽藍は結局、いつ建造されたものなのだろうか。

西院の建物のうち、古式の建築様式を示すのは金堂・五重塔・中門《ちゅうもん》で、金堂がまず先に建設されたと考えられている。

文献をみると、天平《てんぴょう》十九年（七四七）に成立した『法隆寺伽藍縁起 幷《ならびに》 流記《るき》資財《しざい》帳《ちょう》』には、持統《じとう》天皇七年（六九三）に天皇が仁王会《にんのうえ》のために法隆寺に布施をしたという記録があるので、その時期までには金堂が再建され、ある程度寺観が整っていた可能性が高い。皇極朝の焼亡からさほど年月をへない時期、おそらく六七〇年代には本格的な再建がはじまっていたのではないだろうか。また、同書には和銅四年（七一一）に塔の塑像や中門の仁王《におう》像がつくられたとあるので、再建完了には三十～四十年というかなりの期間を要したようだ。太子創建寺院の再建という事業が焼失後まもなく開始されていたことは、すでにその時期には太子が神格化され、なかば信仰の対象になっていたことを物語っているのではないか。

西院伽藍の金堂、五重塔、中門については、近年、その建築部材の精密な年輪測定が実施されて、興味深い調査結果が報告されている。

この調査は昭和二十年代の大修理の際に取り外されて保管されていた古材を試料としたもので、平成十四年（二〇〇二）から実施され、その結果は、光谷拓実氏（奈良文化財研究所客員研究員）と大河内隆之氏（奈良文化財研究所年代学研究室長）の共著「年輪年代法による法隆寺西院伽藍の総合的年代調査」（『仏教芸術』三〇八号、二〇一〇年一月刊）にまとめられている。

以下、同論文に沿って説明すると、まず金堂に関しては、外陣の部材に、年輪年代（最外年輪の年代＝伐採年）が六六六〜六六九年を示すものが確認された。

もしこの年輪年代がそのまま建造年を示しているとするなら、『日本書紀』の記述を信用すれば初代法隆寺が全焼したのは天智天皇九年（六七〇）なので、罹災以前に新たな金堂の建造がはじまっていたことになる。この矛盾はどう考えればよいのだろうか。

前掲論文は、こう説明する。

「六七〇年の火災以前にはすでに伽藍整備のための基本計画と実施計画があり、そのために必要な原材を伐り出し、乾燥期間をおくことなく使う一方で、一部には六七〇年の火災前に何らかの目的ですでに伐採、保管していた木材も使って建てられたものと思われる」

次に五重塔については、二重隅行雲肘木《すみゆきくもひじき》の部材に六七三年の年輪年代を示すものが確認された。つまり、六七〇年の全焼の三年後に伐採されたものが使われていたわけで、この結果は再建説を支持するものであった。

五重塔の心柱は五九四年に伐採されていた

ただし意外なことに、同じ五重塔でも心柱《しんばしら》の年輪年代は五九四年と判明した。五九四年は推古天皇二年にあたり、聖徳太子は二十一歳。まだ斑鳩宮の建造もはじまっていない時期である。二代目法隆寺の五重塔は七、八十年も前に伐採していた木材を心柱に使用したのだろうか。前掲論文はこの問題についてはとくだん仮説も示さず、「今後検討されるべき重要課題」と指摘するにとどまっている。

また中門の部材は、推定伐採年は六九〇年前後であるという。

じつは心柱に対しては、一九八〇年代にも年輪測定と研究が行われていて、このとき発表された最終年輪年代は五九一年だった。当然、議論を呼んだが、「木材は樹皮に近い白太《しらた》の部分を捨て、中にある赤身の堅い部分が使われるので、その白太部分を足すと、正確な年輪は六七〇年頃になるのではないか」という見方も出されて、いったん議論は収束した。

しかし二〇〇〇年代の測定調査は、標本となった心柱の部材に対してソフトX線透過撮影を行って鑑定し、同材には樹皮直下まで残っていると判断したうえで、五九四年という最終年輪年代をはじきだしている。

六世紀末という五重塔心柱の伐採年代は、大きな謎をわれわれに提示している。

西院伽藍の建立年代を明確にすることは難しいが、しかし、法隆寺の金堂と五重塔が千三百年以上の歴史を有する、現存世界最古の木造建築であるという事実は動かない。

聖徳太子信仰を守り伝えてきた僧侶たち

現在の法隆寺は、主要伽藍を歩いていても、ふだんは参拝客ばかりが目立ち、僧侶の姿を見かけることはあまりない。しかし、古代の法隆寺は大勢の僧侶が止住して仏法を修める学問寺であった。

創建時の法隆寺の日常はどのようなものであったのだろうか。残念ながら、飛鳥時代の法隆寺の実態を伝える史料はないが、奈良時代については、さきほどから言及している『法隆寺伽藍縁起并流記資財帳』の記録からうかがい知ることができる。

法隆寺第百二十八世住職を務めた高田良信《りょうしん》長老（一九四一～二〇一七年）の著作に、同書をもとにして奈良時代の法隆寺のお坊さんたちの生活を手際よくまとめた箇所があるので、少し長くなるが、そのまま引用させていただく。

「その頃、法隆寺は一人前の僧百七十六人と、見習い僧八十七人の計二百六十三人が四棟の僧房に住んでいたという。四つの僧房のうち現存するのは東室の一棟にすぎないが、他の三棟のことは東室を基準として想像することができる。しかもそれらの規模も判明しており、四棟の僧房には三十から三十二の部屋があったと推定されている。そこに二百六十三人が住むとなると、一部屋に平均八、九人が住んでいたこととなり、大安寺《だいあんじ》（引用者注：奈良市大安寺町にある寺院。南都七大寺の一つ）などの諸大寺の居住密度と大差はない。しかも僧房の高さが廻廊とほとんど同じであることから、当時の僧房には床がなく、土間であった可能性がきわめて高い。おそらくベッドや椅子などのようなものを使った大陸様式の生活を営んでいたのであろう。しかも、境内からの発掘品の中に円面硯、緑釉《りょくゆう》陶器、灰釉《かいゆう》陶器、二彩・三彩陶器などの断片もあり、当時としては水準の高い生活をしていたことを示している。坊さんたちは日課である法要や経典の講義などはすべて梵鐘《ぼんしょう》の合図のもとに行動し、食堂では厳粛なる作法のもとに食事をしたであろうし、月に何回かは湯室で入浴をしたはずである。おそらくそのような集団行動はすべて厳しい規律のもとに整然と行われ、坊さんたちにとって、僧房にいる時だけが最も自由な時間であったことであろう」（『法隆寺の謎と秘話』）

法隆寺というとどうしても「歴史の古さ」ばかりに目が行きがちである。

しかし、聖徳太子にならって「法華経《ほけきょう》」「勝鬘経《しょうまんぎょう》」「維摩経《ゆいまぎょう》」の三経を講じるというのがこの寺の本分であり、またもちろん太子の遺徳をしのび、太子への景仰と信仰を守り伝えるというのも法隆寺の重要な使命だろう。

そしてそうした使命は、この寺に集まった僧侶たちの人間くさい営みの積み重ねのうえで果たされてきたのである。

西院伽藍の古仏たち

——金堂本尊・釈迦三尊像、薬師如来像、百済観音……

金堂本尊・釈迦三尊像の光背に彫られた銘文

法隆寺の西院伽藍《さいいんがらん》を代表する仏像は、なんといっても金堂《こんどう》本尊の釈迦三尊《しゃかさんぞん》像だろう。それは法隆寺全体を代表する仏像でもあり、飛鳥《あすか》時代彫刻の傑作としても知られる。聖徳太子のために名匠・止利仏師《とりぶっし》によってつくられたと伝えられる金銅仏で、中尊の釈迦如来は像高八七・五センチ、杏仁《きょうにん》形の両眼を見開いて、口元にはほのかな微笑（アルカイック・スマイル）が浮かんでいる。両脇には像高九三センチ前後の菩薩《ぼさつ》が従い、この三像を包み込むように大きな光背《こうはい》がつき、全体は大きな台座の上に載っている。台座を覆う広く長い衣が印象的である。もちろん国宝である。

あまりにも有名な仏像だが、じつは大きな謎がひとつある。この釈迦三尊像が再建

西院伽藍　西院のほとんどの堂舎は飛鳥様式で造営されている（奈良県生駒郡斑鳩町）

された法隆寺の金堂に安置されてきたことは事実だが、それでは、焼失前の初代法隆寺にも安置されていたのかというと、それがどうもはっきりしないのである。

釈迦三尊像はその光背に由来を記した銘文が彫られていることでも知られる。そこで、まずこの光背銘の要約を記してみよう。

「法興《ほうこう》三十一年（六二一）十二月に鬼前太后（聖徳太子の母・穴穂部間人皇女《あなほべのはしひとのひめみこ》）が亡くなった。翌年正月二十二日、上宮《じょうぐう》法皇《ほうおう》（聖徳太子）は病に倒れ、干食王后《かしわで》（太子妃・菩岐々美郎女《ほききみのいらつめ》）も並んで病床についた。王后とその子女たちは臣下たちと深く憂い、ともにこう発願した。

『三宝《さんぽう》にしたがって法皇と等身の釈迦像を造ります。どうか、この願力によって病が治り、寿命が延び、幸せになりますように。しかし、もし死に至る定めとなっているならば、浄土に往生してすみやかに仏果を得られますように』

二月二十一日、王后が亡くなり、翌日、法皇も亡くなった。

翌年（六二三）三月、願にしたがって釈迦像と脇侍《わきじ》、荘厳具《しょうごん》を造りおえた。このわずかな功徳《くどく》によって、生き残ったわれわれも平穏でありますように。生死を重ねても、三主（穴穂部間人皇女、太子、菩岐々美郎女のこと）にしたがって三宝を継承・発展させ、ついには彼岸に渡り、一切衆生《しゅじょう》が苦を脱し、菩提《ぼだい》に至りますように。止利仏師にこれを造らせた」

釈迦三尊が他の寺院から再建法隆寺に移されてきた可能性

「法興」は原文に付記されている干支の表記から崇峻《すしゅん》天皇四年（五九一）を元年とする年号であることがわかっている。正式な年号ではなく、「仏法興隆」からとられたとみられる私年号のひとつである。なぜ崇峻天皇四年が元年に置かれたのかは不明だが、この頃に法興寺（飛鳥寺）の造立が開始されたことと関係があるのかもしれない。この年号は『伊予国風土記《いよのくにふどき》』逸文《いつぶん》に引かれている聖徳太子の伊予行を記す「伊予《いよの》湯岡碑文《ゆのおかのひぶん》」にもみられ、仏法を興隆させた太子の周辺でとくに用いられていたようである。

また、光背銘では聖徳太子は「法皇」と呼ばれているが、これは平安時代以降にみられた「出家した上皇」の意ではなく、「仏法世界の至上者」あるいは「日本に仏法を根付かせた皇子」というようなニュアンスの称号である。ちなみに経典で「法王」といえば、釈尊のことをさす。

この銘文が正しいのであれば、釈迦三尊像は、太子の回復を祈って、あるいは冥福を祈って、太子と同じ背丈に、つまり太子をかたどってつくられ、太子没後の推古《すいこ》天皇三十一年（六二三）に完成したことになる。

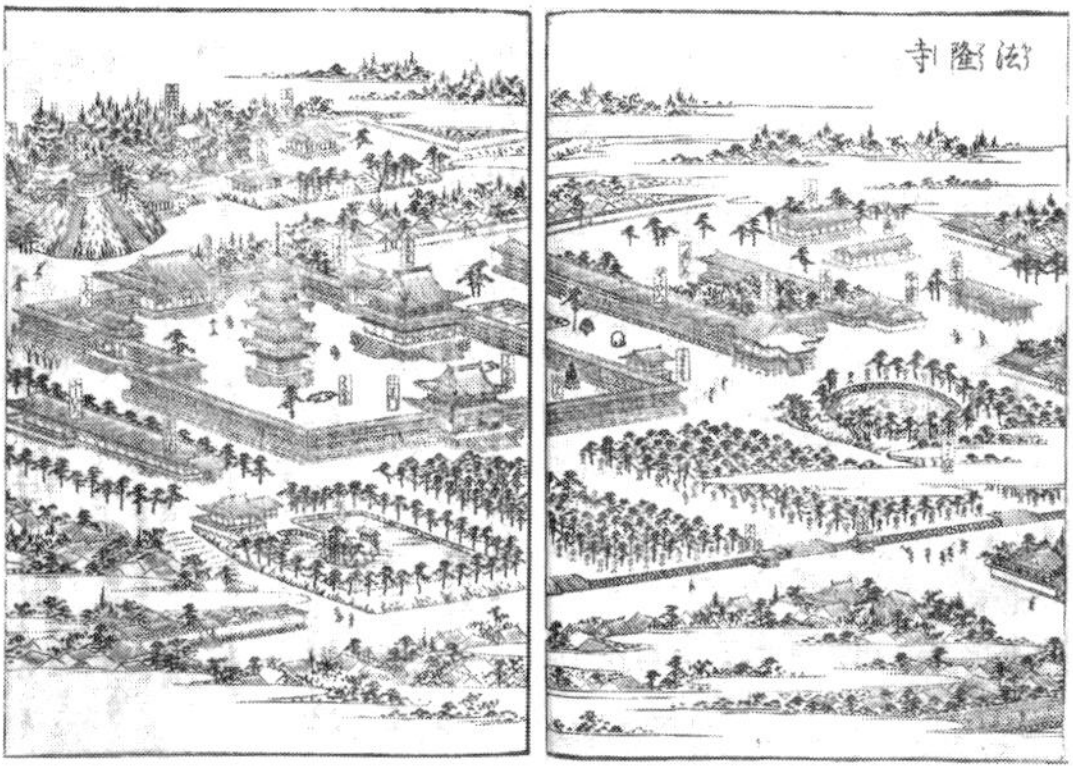

法隆寺西院　江戸期の西院伽藍（竹原春朝斎画『大和名所図会』、国立国会図書館）

しかしここには、完成した像がどの寺院に安置されたのかは言及されていない。初代法隆寺は推古朝の前半には創建されていたと考えられるので（101ページ参照）、少なくとも、その創建当初からこの像が同寺の本尊であったことはありえない。推古天皇三十一年以後に金堂、あるいは他の堂塔に安置された可能性は考えられるが、確証はない。

推古朝末期につくられた釈迦三尊像が、法隆寺の再建以前にはどこに安置されていたのかは、結局、謎というほかないのである。当初は法隆寺とは全く別の寺院に安置されていて、そこから再建法隆寺に移されて本尊となった可能性すら考えられるのだ。たとえば、はじめは斑鳩宮《いかるがのみや》の仏堂に祀られていたのではないか、とする説がある。

たとえばまた、古代史学者の東野治之《とうのはるゆき》氏は、銘文から膳氏出身の菩岐々美郎女とその子供たちが中心になって釈迦三尊像をつくったことがうかがえることを論拠として、「膳氏ゆかりの像となれば、膳氏の建てた法輪寺《ほうりんじ》に最初あったと見るのが妥当ではないでしょうか」（『聖徳太子　ほんとうの姿を求めて』）と指摘している。法輪寺は法隆寺の北方一キロメートルほどのところに建つ寺院で、現在は木造薬師如来像（飛鳥時代）を本尊とする（152ページ参照）。

金堂釈迦三尊像 光背銘によれば作者は止利仏師（国宝、法隆寺）

金堂を彩った壮麗な仏教壁画

金堂の仏像としては、本尊釈迦三尊像の左側（東の間）に安置されている金銅仏の薬師如来像《やくしにょらい》も優品である。その光背銘にもとづけば、聖徳太子が父・用明天皇《ようめい》ために推古天皇十五年（六〇七）に造立した像ということになるが、前項で記したように、この銘文にはその時代には合わない用語がみられ、また像自体もその技法・様式などの面で釈迦三尊像にくらべて年代が下る要素が多く、七世紀後半の擬古的作例とみるのが定説となっている。

ただし、銘文は事実を伝えているとし、当初の仏像が火災で失われたのちに改めて鋳造され、銘が追刻されたとする考え方もある。もしそうだとすれば、この失われた薬師像が初代法隆寺の本来の本尊だった可能性が高まる。

また法隆寺金堂といえば、内陣に描かれた仏教壁画にも触れないわけにはいかない。残念ながら昭和二十四年（一九四九）の火災でほぼ焼失してしまったが、幸い写真や模写が残っていたため、再現図が作成された。現在の内陣の壁にはその再現図がはめこまれていて、往時をしのぶことができる（法隆寺のホームページでも焼失前に撮影されていた写真とあわせて精密な再現図を見ることができる)。

壁画のテーマについては、いくつか説があるが、現在では、釈迦浄土図(東側)・阿弥陀《あみだ》浄土図(西側)・弥勒《みろく》浄土図(北側西寄り)・薬師浄土図(北側東寄り)とするのが一般的である。

制作時期は七世紀末から八世紀初めにかけての法隆寺再建期と推測されているが、この壁画が文献上で言及されるのは意外に遅く、大江親通《おおえのちかみち》の撰とされる平安時代後期の『七大寺日記《しちだいじにっき》』が最初である。

また、各部に施された透かし彫り飾り金具の下に玉虫の羽が敷かれた玉虫厨子《たまむしのずし》(高さ二二六・六センチ/七世紀後半)と、中に銅造阿弥陀三尊像が納められた伝橘《でんたちばな》夫人念持仏厨子《ぶにんねんじぶつずし》(総高二六八・九センチ/八世紀初頭頃)は、本来は金堂に安置されていたものである(現在は大宝蔵院で拝観することができる)。

前者は本生譚《ほんじょうたん》(釈迦の前世の説話)の「捨身飼虎《しゃしんしこ》」の図などが描かれていることでも名高いが、聖徳太子の厨子と伝えられ、当初は銅造の阿弥陀三尊像が納められていたが、盗まれてしまったという(『聖徳太子伝私記』)。

後者の阿弥陀三尊像は蓮池をあらわす台盤から伸びた三茎の蓮華上に坐す像容がユ

ニークである。橘三千代《たちばなのみちよ》（?～七三三年）の念持仏だったというのは伝承の域を出ないが、三千代は藤原不比等《ふひと》の妻で、光明《こうみょう》皇后の母にあたる。早くから太子信仰や浄土信仰をもっていたらしく、西院伽藍の西円堂とその本尊の薬師如来像は三千代の病気平癒を願って造立されたという伝えがある。奈良時代の法隆寺（とくに東院伽藍）の興隆に大きな役割をはたしたとみられる女性である。

かつては虚空蔵菩薩と呼ばれていた百済観音

七世紀後半の作と考えられている有名な百済観音《くだらかんのん》も、かつては金堂に安置されていた（現在は大宝蔵院に所在）。

木造の大きな立像だが（像高二一〇・九センチ）、体軀《たいく》が細長いので華奢な印象も与え、異形性も感じさせる。法隆寺のなかでもとりわけ多くの人に親しまれてきた仏像だが、じつはことさらに謎が多い。

まず、いつから法隆寺に安置されるようになったかが不明である。

中世までの文献にこの像について記載するものはなく、近世の文献にはじめて登場する。元禄十一年（一六九八）の『和州法隆寺堂社霊験幷《ならびに》仏菩薩像数量等』が初出で、金堂の条に「一　虚空蔵菩薩《こくうぞうぼさつ》　百済国ヨリ渡来　但シ天竺《てんじく》ノ像也」とあるのが、百済観音のことをさしていると考えられている。延享《えんきょう》三年（一七四六）完成の法隆寺寺誌『古今一陽集《こきんいちようしゅう》』は、この像について、「伝来については古記に記載がなく、古老の伝によれば異朝将来の像だというが、由来は不明である」と記している。

そんなわけで、元来は法隆寺の仏像ではなく、いつのころからかよその寺から移されてきたものと考えるのが通説となっている。

つぎに大きな謎となっているのが、この仏像の「本当の名前」である。

「百済観音」と呼ばれているが、これは明治に入って広まった俗称にすぎない。近世には、先ほど記したように、「虚空蔵菩薩」と呼ばれていた。

しかし、虚空蔵菩薩像は坐像か半跏《はんか》像であらわすのがふつうで、立像はきわめて稀である。また本像は左手に水瓶《すいびょう》を提げているが、これはふつう観音の持物である。つまり、この像は、ふつうにみれば観音菩薩なのである。

虚空蔵菩薩を太子の本地仏《ほんじぶつ》とする信仰があったから虚空蔵菩薩と呼ばれるようになったとする説もあるが、観音も太子の本地として尊ばれたので、説得力を欠く。

明治時代なかばに国の寺宝調査を受けるようになると、これは「朝鮮風観音像」と呼ばれるようになる。像容が明らかに観音風であることに加えて、「百済から渡来した」という伝承、いかにも異国風の長身の威容などが合わさって、このような呼称が生まれたのだろう。

法隆寺の高田良信《りょうしん》長老によれば、「百済観音」という呼称が最初にあらわれたのは大正六年（一九一七）の『法隆寺大鏡』であり、哲学者・和辻哲郎《わつじてつろう》がその二年後に発行された『古寺巡礼』の中でこの呼称を用いてから、一般に広まったとみられるという（『法隆寺の謎と秘話』）。

高田長老は、百済観音の元の所蔵先の候補として、近接する中宮寺《ちゅうぐうじ》を挙げている。明確な記録はないが、平安末期や中世に中宮寺が荒廃したとき、仏像などの多くの寺宝が法隆寺に移されたという伝承があるからである。

ついでながら、「百済から伝来した」というのは、あくまで伝承であって、事実ではない。日本特産のクスノキが材となっているからである。渡来系の仏師が彫った可能性はあるものの、「百済観音」は、あくまでも国産の仏像なのである。

境内の地下に眠る「伏蔵」

この他にも、五重塔の最下層の内陣に造られたドラマチックな塑像群（奈良時代）、聖霊院《しょうりょういん》の聖徳太子像（平安時代末期）、大宝蔵院の夢違《ゆめたがい》観音（白鳳《はくほう》時代）など、西院伽藍には貴重な仏教美術が目白押しである。

しかも、まだわれわれが目にしたことがない秘宝が数多く地中に隠れているという。

境内の地下に「伏蔵《ふくぞう》」という秘密の倉庫が三つあり、そこには仏像や太刀、大量の鏡、数万両の金銀など、あまたの宝物・財宝が秘蔵されているという言い伝えがあるのだ。伏蔵の入り口は円形の石蓋で覆われているといい、またその石蓋は金堂と経蔵《きょうぞう》、廻廊の西南角（もしくは浴室前）の地中にたしかに埋まっているともいう。

だが、伏蔵の蓋が開けられるような事態は、ゆめゆめ出来してはならない。

なぜなら、鎌倉時代の『聖徳太子伝私記』によると、聖徳太子はこう言い残したと伝えられているからだ。

「将来もし法隆寺が破壊されるようなことがあれば、伏蔵を開き、納められている秘宝を費用にあてて修造するように」

夢殿と救世観音

――太子伝説の源泉となった東院伽藍

奈良時代に創立された東院伽藍

法隆寺の東院《とういん》伽藍《がらん》は、現在では西院《さいいん》伽藍のおまけのようにも見られがちだが、何度か記したように、聖徳太子が住んだ斑鳩宮《いかるがのみや》の跡地に太子を偲んで建てられたもので、上宮《じょうぐう》王院とも呼ばれる。したがって、西院伽藍のルーツである若草伽藍が斑鳩宮に付設して建てられた寺院であったことを思えば、むしろ東院こそが本体であった。

東院の草創は、『法隆寺東院縁起』（最終的な成立は十一世紀以降だが、奈良時代に書かれたとみられる古い記録も含む）や『法隆寺東院資財帳《しざいちょう》』（七六一年成立）に詳しい。

これらによると、皇極《こうぎょく》天皇二年（六四三）に斑鳩宮が蘇我《そが》氏によって焼かれ、あわせて太子一族も亡んでしまったのちは、跡地は廃墟となり、獣の屍が散らばり、荒廃にまかされるままとなっていた。聖武《しょうむ》天皇の時代になり、その様を見て心を痛めたのが元興寺《がんごうじ》の僧侶・行信《ぎょうしん》で、彼は阿倍《あべ》内親王（のちの孝謙《こうけん》天皇）に殿堂の造営を奏聞した。

そして天平《てんぴょう》十一年（七三九）、内親王は藤原房前《ふじわらのふささき》に命じてこの殿堂すなわち東院（上宮王院）をつくらせた。それは八角形の堂で、太子の在世中に御影としてつくられた救世観音《くせかんのん》像（「救世」はクゼ、グゼとも読まれる）が安置された。当時、西院伽藍はほぼ完成していたはずである。

女性たちがつくった聖徳太子の廟所

東院創立の仕掛け人といえる行信は、東院造営前の天平九年に例の太子自筆の「法《ほ》華経義疏《けきょうぎしょ》（法華義疏）」をどこからか見つけだして法隆寺に寄進したとも伝えられる人物で、東院伽藍の創立に尽力したのちには大僧都《だいそうず》に任じられている。

房前は藤原不比等《ふひと》の二男で、不比等亡きあとは藤原氏の実力者となっていた有力官人だが、天平九年に没しているので、この縁起の内容に疑問が呈されることも多い。

しかし、行信の願を聞き入れた阿倍内親王の命により、生前の房前が関与して東院の造営がはじまり、天平十一年に完成したとみれば矛盾はない。

ちなみに天平九年には房前を含め藤原四兄弟が当時流行していた天然痘《てんねんとう》で相ついで亡くなっている。東院造営には、疫病《えきびょう》退散に太子の霊力を借りたいという動機もからんでいたのではないだろうか。

阿倍内親王は仏教を篤く信仰した聖武天皇の娘で、『法隆寺東院縁起』によれば天平七年に聖徳太子と聖武天皇のために「法華経《ほけきょう》」の講読を行うべく法隆寺に寄進を行い、翌年、講読が行われたという。内親王の母・光明《こうみょう》皇后は不比等と橘《たちばなの》三千代《みちよ》の娘だが、三千代（七三三年没）は早くから太子信仰をもっていたとみられる女性で、いつのころからか法隆寺に橘《たちばな》夫人念持仏《ぶにんねんじぶつ》と伝えられる阿弥陀三尊《あみださんぞん》像と厨子《ずし》が安置されているのは先にも記した。また、光明皇后と房前は異母兄妹の間柄で、さらに房前は三千代が先夫・美努王《みのおう》とのあいだにもうけた牟漏女王《むろのじょおう》を妻としている。

このように、東院は橘三千代につながる皇族・貴族が主導するかたちで奈良時代前半に建立されたものと考えられ、西院とは別個の歴史をもつ。寺院というよりは聖徳太子の廟所に近い性格をもち、より正確にいえば、そこは「法隆寺」ではなく、あくまでも太子を追慕する殿堂「上宮王院」であり、斑鳩宮を復興させたものという位置

夢殿　八角形のバランスのとれた美しさをもつ堂として知られる（奈良県生駒郡斑鳩町）

づけであった。

太子の瞑想所と信じられた夢殿

東院の中心となる建築は、夢殿《ゆめどの》である。

『法隆寺東院縁起』に「瓦葺《かわらぶき》八角円堂」と記されているもので（寺院建築では六角形以上の堂を円堂と呼ぶ）、「夢殿」というのは八世紀末ごろから用いられるようになった呼称である。

そのころになると、この建物は聖徳太子在世中にすでにあり、「太子は法門の解釈に行き詰まると、この殿内にこもって禅定《ぜんじょう》に入り、夢のうちに教示を得た」という伝説が生じたからである。『上宮聖徳法王帝説《じょうぐうしょうとくほうおうていせつ》』には「太子が義疏《ぎしょ》を執筆しているとき、師・慧慈《えじ》に尋ねても疑問が解決しないことがあると、夜の夢に金人《きんじん》があらわれて解釈を教えてくれた」という箇所があるが、こうした伝説がもとになっているのだろう。平安時代中期に成立した太子伝で、太子伝説の流布に決定的な影響を与えた『聖徳太子伝暦《りゃく》』には、太子が七日七夜のあいだ夢殿にこもって瞑想にふける場面がある。

八角形につくられた理由は定かではないが、一説に八角円堂は故人追善のための建築様式であるという。類例としては、不比等の供養のためにその一周忌（七二一年）にあわせて造営された興福寺の北円堂がある。かつて『隠された十字架』によって独創的な法隆寺論を展開した哲学者の梅原猛《たけし》氏は、八角円堂の夢殿を太子の「墓」と評した。天智《てんじ》天皇や天武《てんむ》・持統《じとう》天皇の陵が八角墳であることも思い起こされる。

殿内には太子等身と伝えられる救世観音像（後述）が安置され、屋根の頂部の宝形が舎利瓶《しゃりびょう》をかたどった形になっているのも、太子追善の趣旨を表現しているといえよう。

夢殿は天平十一年の東院創立とほぼ同時に建てられたとみられるが、たびたび修理をうけ、鎌倉時代には大改造を受けている。

奈良時代の創建当初には、夢殿のほかに太子所持の経典や宝物を納める宝蔵殿（七《しち》丈屋《じょうや》）、伝法堂《でんぽうどう》（講堂）、南門、中門、廻廊などがあったが、夢殿と伝法堂以外はすべて掘立柱《ほったてばしら》、檜皮葺《ひわだぶき》の建物であったという。太子が住んだ斑鳩宮を意識した建築だったのである。

太子の著作とされる「法華経義疏」の原本は当初は宝蔵殿に保管されたとみられるが、この殿舎は鎌倉時代に大幅に改造され、東側の舎利殿（太子二歳のときにその掌中に出現したとされる「南無仏《なむぶつ》の舎利」が安置）と西側の絵殿（太子の一代記を描いた障子絵を納める）に明確に分けられている。

また、伝法堂は舎利殿・絵殿の後方に位置する建物だが、聖武天皇の夫人・橘古那《こな》可智《かち》の住居が施入されて移築されたものと伝えられている。古那可智は橘三千代の孫にあたる女性である。

太子の生き写しとされた救世観音像

夢殿の本尊といえる救世観音像は、クスノキの一木《いちぼく》造りで、像高は一七九・九センチ、蓮華座上に直立して両手で宝瓶《ほうびょう》を軽く捧げ持ち、漆を塗った上に金箔を押す漆箔が施されている。その長身と、大きな宝冠、杏仁《きょうにん》形の眼、モナ・リザにもたとえられた口元に浮かぶ微笑が印象的で、まとった天衣《てんね》の先端が魚のヒレのように広がっているのも目を惹く。フェノロサや和辻哲郎《わつじてつろう》らの絶賛を受けた彫刻美術の名作である。

制作年代は、その様式から七世紀前半とみられていて、太子在世中と太子没後の両方の可能性が考えられている。

『法隆寺東院資財帳』には「上宮王等身の観音像」、『法隆寺東院縁起』には「太子在世中に造られた御影《みえい》の救世観音」と記されており、実際に太子をモデルに彫られたかどうかはともかく、この観音像が世の人びとに聖徳太子の遺像として観念されていたことは間違いない。

問題は、「救世観音」とはいかなる観音なのか、ということである。

「世を救う観音」という意味なのだろうが、この観音は平安時代から鎌倉時代にかけて成立した太子をその化身とする信仰にともなって形成されたらしく、経典には「救世観音」の語はなく、伝統的な変化《へんげ》観音のなかにもその例を見出せない。またその像容は伝統的な観音像には例がみられないものだ。ちなみに、『聖徳太子伝私記』(一二四〇年頃成立）はこの像の姿を二臂《ひ》の如意輪《にょいりん》観音とする説があることに触れている。

この問題をめぐっては、中国・唐《とう》代に流行した、『法華経』普門品《ふもんぼん》の「観音妙智力《みょうちりき》能救世間苦《のうくせけんく》」に由来する「救苦観音」が、日本で誤伝または誤写されたものとする説が唱えられている。もともと観音は『法華経』と関係が深いので、『法華経』に深く帰依《きえ》した太子とも結びつきやすかったのだろう。

ちなみに、前出の太子伝『聖徳太子伝暦』では、穴穂部間人皇女《あなほべのはしひとのひめみこ》が夢に救世観音が口内に入るのを見て妊娠を知り、やがて救世観音の化身としての太子を生むという展開になっている。

もっとも、「救世観音」の語は奈良時代の文献にはすでにみえてはいるが（鑑真《がんじん》の伝記『唐大和上東征伝《とうだいわじょうとうせいでん》』に、唐から日本に向かう船に載せられた仏像のひとつとしてあげられている）、この仏像が七世紀前半の造立当初から救世観音と呼ばれていた可能性は低い。夢殿の救世観音像がもともとどの仏尊を意識して作られたものなのか、伝説通り太子をモデルとしたものなのか、そのあたりの正確なことは結局のところ謎というほかない。

しかも、もう一つ大きな問題がある。

先にこの像の制作年代を七世紀前半と記したが、夢殿が創建されたのは奈良時代の八世紀なかばである。すると、救世観音像は夢殿の創建にあわせて造られたものではなく、金堂の釈迦三尊像と同じように、どこかから移されてきたものということになる。だが、今のところその原所在地を知る手がかりはない。

いつ、誰によってつくられ、どこに安置されていたかは不明だが、とにかく太子と深いゆかりのある像であったので、東院創立の際に夢殿に迎えられたのだろう。

当初は太子の念持仏として斑鳩宮の仏堂に安置されていたが、宮が放火されたときにかろうじて外に運び出され、近隣の寺院に留め置かれていたものだった——あくまでも想像だが、そんなストーリーも思い浮かぶ。

長く秘仏となっていた救世観音

夢殿の救世観音像は中世には秘仏となり、厨子の前には帳《とばり》が垂らされて、あるいは扉が閉じられて、ふだんは拝観することができなくなった。だが、当時の人びとは夢殿が太子在世中に建てられたものと信じたはずで、建物を拝するだけでも感慨深いものがあっただろう。

ようやく秘仏の帳が解かれたのは明治に入ってからのことである。

明治十七年（一八八四）、文化財調査で夢殿を訪れた岡倉天心《てんしん》とフェノロサは、「開けたら雷が落ちる」「神罰がある」「地震が起きる」などと怯えて逃げ惑う寺僧たちを尻目に、鍵をさして厨子の重い扉を開いた。するとそこには幾重にも白布に覆われた物が置かれていて、その布を取り除いてゆくと、やがて美しい尊像があらわれた――。

よく知られた劇的なエピソードだが、江戸時代には参詣者を集めて秘仏が開帳されることもあったようなので、「千古の昔からの秘仏が、明治の近代化ではじめて姿をあらわした」というイメージは過剰なようである。

もっとも、現在でも夢殿の救世観音は常時拝観できるわけではない。厨子が開扉されて一般参詣者が拝観できるのは、春と秋の一定期間にかぎられている。

江戸時代のはじめごろまでは、毎年二月に行われる太子供養の法会《ほうえ》「聖霊会《しょうりょうえ》」は夢殿の前庭で営まれていた。夢殿は太子信仰の震源地であるとともに、太子信仰発揚の中心道場としての役割も長く担ってきたのである。

そしてその地下には、太子とその一族が実際に暮らした宮殿の遺構がたしかに眠っているのである。

中宮寺と天寿国繡帳

——飛鳥の女性たちの太子信仰を伝える

太子の母の宮殿をルーツとする尼寺

法隆寺東院《とういん》伽藍《がらん》の東側に、中宮寺《ちゅうぐうじ》という小さな尼寺が建っている（奈良県生駒郡斑鳩町法隆寺北）。東院に隣接しているので、法隆寺の子院か別院と思われかねないが、聖徳太子建立七カ寺の一つに数えられる古寺であり、法隆寺とは全く別個の寺院である。

太子が母・穴穂部間人皇女《あなほべのはしひとのひめみこ》（用明《ようめい》天皇の皇后）の宮を寺に改めたものと伝えられ、鵤《いかるが》尼寺《にじ》ともいうが、じつは創建時の寺地はここではなく、東へ四〇〇メートルほど行った場所であった（斑鳩町法隆寺東二丁目）。

現在地に移ったのは室町時代あるいは江戸時代初期といわれていて、中世に伽藍が

中宮寺本堂　法隆寺とは僧寺・尼寺の関係にあったと考えられる（奈良県生駒郡斑鳩町）

荒廃したことが要因だったのだろう。また、十六世紀なかばからは皇女や王女が入門する門跡《もんぜき》寺院となっている。現在の本堂は昭和四十三年（一九六八）に再建された、鉄筋コンクリート造りである。

　当初の寺地は大半が農地となっていたが、現在は「中宮寺跡」として整備され、史跡公園になっている。

　ただし、中宮寺の草創についてははっきりした記録がない。

『法隆寺伽藍縁起幷《ならびに》流記《るき》資財帳《しざいちょう》』（七四七年）には「推古《すいこ》天皇六年（五九八）、聖徳太子は「法華経《ほけきょう》」「勝鬘経《しょうまんぎょう》」を講じて天皇から賜った播磨《はりま》国の土地を、斑鳩本寺、中宮尼寺、片岡僧寺に施入《せにゅう》した」とある。

ここにみえる「中宮尼寺」を中宮寺とみれば、六世紀末には創建されていたことになるが、『日本書紀』によれば太子の講説は推古天皇十四年のことなので、あまり信憑の置ける話ではない。

また、穴穂部間人皇女は推古天皇二十九年（六二一）の没だが（太子の死はその翌年）、建てられたのが皇女の在世中なのか、それとも皇女の没後なのかも、はっきりしていない。しかし、母后を思う太子の発願にかかる尼寺であったことは、ほぼ間違いない。おそらく、斑鳩宮や法隆寺の造営に連動して、七世紀前半までには創建されていたのだろう。そして女性たちの太子信仰の寺院として発展したのである。

発掘された創建中宮寺の遺構

中宮寺跡で昭和三十八年から繰り返し行われた発掘調査では、塔と金堂《こんどう》が南北に並ぶ四天王寺《してんのうじ》式伽藍配置の遺構が確認された。若草伽藍と同じスタイルである。出土した軒丸瓦《のきまるがわら》に素弁八弁蓮華文《そべんはちべんれんげもん》軒丸瓦があったが、これは「奥山廃寺式」と呼ばれるもので、六二〇年代ごろの瓦と考えられている。

皇女の宮室とおぼしき遺構はいまだ見つかっていないが、下層に宮殿遺構が埋もれている可能性は残っている。

「中宮寺」という寺号の由緒については、「穴穂部間人皇女が用明天皇の皇后つまり中宮《ちゅうぐう》であり、中宮の御所があったから」とする伝承と、「斑鳩の地には太子関連の宮として斑鳩宮、岡本宮《おかもとのみや》（太子が「法華《ほけ》経《きょう》」を講説した地と伝えられる宮）、飽波葦《あくなみあし》墻宮《がきのみや》（太子が晩年を過ごしたとされる宮）があり、これらの中心に位置する中宮《なかみや》だったから」とする伝承の二つがある（『聖徳太子伝私記』）。

しかし、飛鳥《あすか》時代には「中宮《ちゅうぐう》」の語が皇后（または皇太后）の居所の称、あるいは皇后の別称として用いられることはまだなかったはずなので、それを考えると後者の説が有力になる。

中宮寺跡　発掘調査で判明した金堂礎石と塔礎石が復元展示されている（奈良県生駒郡斑鳩町）

太子作と伝わる本尊の如意輪観音像

中宮寺には名高い寺宝が二つある。

一つは本尊の菩薩半跏《ぼさつはんか》像である。坐高八七・九センチ、クスノキ材の流麗優美な木像で、制作期を示す史料がないが、飛鳥時代の作と推定されている。現在は漆黒色だが、当初は素木《しらき》に胡粉で彩色されていたと考えられている。また、頭頂部には髻《もとどり》があらわになっているが、菩薩の標識である宝冠をいただいていた痕跡があるという。

像容は京都・広隆寺《こうりゅうじ》の弥勒《みろく》菩薩半跏思惟《しい》像によく似ているが、興味深いことに、寺では聖徳太子自作の如意輪観音《にょいりんかんのん》像と伝えられている。弥勒像として造像されたが、その像容が、変化《へんげ》観音のひとつで、半跏思惟に似た姿をとる二臂《ひ》の如意輪と似ていたため、誤伝されるようになったのではないかと言われている。

しかし、この像は太子を化身としたという四天王寺の本尊・救世《くぜ》観音像（四天王寺の場合は「救世」をクゼと読む）の姿にも似ており、四天王寺の救世観音についてもこれを如意輪観音とする異伝があることは注目される。そういえば、前項で触れたように、法隆寺夢殿《ゆめどの》の救世《くせ》観音（こちらは立像）に対しても如意輪とする異説があった。

弥勒であれ、如意輪であれ、あるいは救世観音であれ、飛鳥時代の半跏思惟像はなぜか太子とゆかりのある寺院ばかりにみられる。大陸では半跏思惟像は弥勒ではなくインドの悉達太子《しったたいし》（出家前の釈尊）として造像されていたともいうので、「太子」ということで聖徳太子に結びつき、聖徳太子信仰のアイコンになった可能性は考えられないだろうか。

いずれにしろ、中宮寺本尊は太子との深いつながりを指し示す仏像といえるだろう。

貴重な銘文が記されていた「天寿国繡帳」

もう一つの寺宝は、「天寿国繡帳《てんじゅこくしゅうちょう》」（または「天寿国曼荼羅《まんだら》繡帳」とも）である。これは七世紀に作られた絹製の刺繡で、当初は二帳あったが、現在、中宮寺が所蔵しているのはその断片で、また一部は鎌倉時代の補作である（縦八八・八センチ、横八二・八センチ）。より正確に言うと、原本と模本の二種四帳の残片をつなぎ合わせて一面にしたものである。なお、中宮寺で現在展示されているのは複製品で、実物は奈良国立博物館に寄託されている。

浄土である「天寿国」のありさまを刺繡で描いたもので、蓮池や蓮華化生《けしょう》、飛天、鐘楼《しょうろう》などの図像を確認できる。

ユニークなことに、そこに配された亀甲図には文字が記されている。一つの亀甲図に四文字が記され、それが百個あるので、あわせて四百文字となり、繍帳の由来を語る銘文となっている。残念ながら、破損が著しいため文字が判読できる亀甲図はほとんど残っていないが、幸い『上宮聖徳法王帝説《じょうぐうしょうとくほうおうていせつ》』にそのほぼ全文が書き留められてあったので、現在では考証も踏まえて原文四百文字が復原されている。

銘文の大意を示すと、つぎのようになる。

「欽明《きんめい》天皇の皇子・用明《ようめい》天皇は、庶妹《しょまい》・穴穂部間人皇女を皇后として聖徳太子をもうけた。聖徳太子は、欽明天皇の曾孫にあたり、また推古天皇の孫にもあたる橘大女郎《たちばなのおおいらつめ》を妃とした。

推古天皇二十九年（六二一）十二月二十日に穴穂部間人皇女が崩じ、翌年二月二十二日夜半に、聖徳太子が薨去《こうきょ》した。

橘大女郎は大いに悲しみ、推古天皇に対してこう願い出た。

『太子がその母君と期したように相ついで世を去られたのは、まことに痛ましいことです。しかし、生前の太子は「この世は仮の世であり、仏だけが真実である」と仰っ

天寿国繡帳　本来は繡帳自体に制作の事情を記した銘文が刺繡で表されていた（国宝、奈良国立博物館寄託）

ていましたので、きっと今は天寿国に生まれ変わったことでしょう。とはいえ、天寿国はこの目には見えがたいところですので、図像をつくって太子往生の様を偲びたいのです』

推古天皇はこの願いを入れ、采女《うねめ》たちに勅して繡帷《しゅうい》二帳を造らせた」

太子の仏教観を表す「世間虚仮」という言葉

つまり「天寿国繡帳」は、太子妃の一人・橘大女郎が偉大な夫の死を悼み、その菩《ぼ》提《だい》を弔うために発願して推古朝に制作された繡仏《しゅうぶつ》であった。銘文に欽明天皇が出てくるのは、欽明天皇のところで血がつながる夫婦のきずなを強調するためだろう。推古朝の太子の死からさほど歳月をへない時期に完成していたものと思われる。

「天寿国」は経典にない用語なので、これが何を指すかについては議論があり、弥勒の兜率天《とそつてん》浄土、阿弥陀の極楽浄土、維摩《ゆいま》の妙喜《みょうき》浄土などの説が唱えられている。

銘文でしばしば注目されるのは、太子自身の言葉だという「この世は仮の世であり、仏だけが真実である」で、原文では「世間虚仮《せけんこけ》　唯仏是真《ゆいぶつぜしん》」となっている。これと全く同じ語句は経典にはないが、「涅槃経《ねはんぎょう》」にみえる「一切の諸法は皆是れ虚仮なり」

と「如来は即ち是れ真実なり、真実は即ち是れ仏性なり」（「聖行品《しょうぎょうぼん》」）と（「憍陳如品《きょうちんにょぼん》」）の類似が指摘されている。

当時の豪族たちは仏像や寺院を権威や権力の象徴ととらえていたが、この言葉は、短いながらも、そうした時代における太子の仏教への深い理解を示すものといえるだろうし、そしてまた晩年の太子が仏教的な無常観に到達していた様を想像させる。

鎌倉時代に法隆寺で再発見された「天寿国繡帳」

ところで、「天寿国繡帳」は当初から中宮寺に所在していたのだろうか。じつはそれがはっきりしていない。

寺伝によると、この繡帳が「発見」されたのは鎌倉時代のことである。

寺勢が衰えていた中宮寺を再興した信如尼《しんにょに》が太子母の聖忌を知ろうと祈請したところ、お供の尼僧が不思議な夢を見た。繡帳を手にした法隆寺僧がやってきて、「忌日のことはこの中に記してある。これは法隆寺の綱封蔵《こうふうぞう》（宝蔵）にある」と言ったというのだ。そこで霊夢にもとづいて法隆寺の綱封蔵をあらためると、繡帳が見つけだされた。それは文永《ぶんえい》十一年（一二七四）のことであった（『中宮寺縁起』）。

そして繡帳の修理と模本の制作が行われ、中宮寺に伝えられることになったという。寺伝では、繡帳は元来は中宮寺の講堂の壁に掲げられていたとしているが、確証はない。また、いつから法隆寺に所在するようになったのかも定かではない。

はやくから法隆寺にあったのではないかとする見方もある。『法隆寺伽藍縁起幷流記資財帳』に、天武《てんむ》天皇が「繡帳二張」を納賜したという記述があり、これが「天寿国繡帳」にあたるともみられるからである。つまり、再建期の法隆寺に天皇から施入されたものではないか、ということである。

だが、仮にそうだったとしても、繡帳が銘文にある通り推古朝（七世紀初頭）に制作されたものだったとするならば、再建法隆寺に施入される七世紀後半の天武朝までの期間、それはいったいどこにあったのだろうか、という疑問が生じる。

偽作説もある「天寿国繡帳」

一方、銘文の用字などの問題（例えば、当時はまだ使われていなかったはずの天皇号が用いられているなど）から、現存する繡帳を推古天皇没後の偽作と考えたり、刺繡が先に作られて銘文があとから追加されたのだろうなどと見る説もある。

だが、仏教学者の石井公成《こうせい》氏は偽作説をこう批判している。

「偽作であるとすると不思議なのは、紙に書いたり金属板に彫ったりすれば簡単なのに、広げれば縦二メートル、横四メートルになる帳《とばり》を二つも作り、薄地の布の上に色彩豊かな絵柄を刺繡で描き、また多くの亀を刺繡してその背中に銘文を四文字ずつ縫い取りするような面倒なことをする必要がなぜあったのか、という点です。また、奈良時代の高度な工芸品とは比べようもない素朴な絵柄と刺繡技法、銘文の内容も、その古さを示しています」（『聖徳太子　実像と伝説の間』）

また古代史学者の東野治之《とうのはるゆき》氏は、オリジナルの繡帳は推古朝に制作されたが、天智《てんじ》天皇九年（六九〇）の法隆寺焼失後に豪華なリニューアル版（現存の繡帳）がつくられ、再建法隆寺に寄進されたのではないか、という仮説を提示している（『聖徳太子ほんとうの姿を求めて』）。

他の太子関係の史料と同様に、「天寿国繡帳」も扱いが難しいが、筆者としては中宮寺に掲げられ、その鮮やかな彩りで堂内を荘厳していた様を想像したくなる。

その繡帳を明け暮れに礼拝していたのは、太子を思慕して尼僧となっていた橘大女郎だったのではないか。

法起寺と法輪寺

——斑鳩にそびえる二つの三重塔

現存最古の三重塔が残る法起寺

中宮寺《ちゅうぐうじ》跡の史跡公園の一角に行くと、斑鳩《いかるが》を代表する三つの古寺それぞれの仏塔をすべて見渡すことができる——法隆寺の五重塔、法起寺《ほうきじ》の三重塔、法輪寺《ほうりんじ》の三重塔の三つをである。かつては、ここ以外にも三塔すべてを見渡せる場所がいくつもあったそうだが、近年は斑鳩でも民家が密集するようになったせいで、それもだいぶ限られてしまった。

このうち、法起寺（斑鳩町岡本）は法隆寺から北東におよそ一・五キロの場所にあり、池の畔にあったことから別名を池後寺《いけじりでら》ともいう。法隆寺、四天王寺、中宮寺などとともに太子建立七カ寺の一つに数えられる名刹で、高さ二三・九メートルの三重塔

は慶雲《けいうん》三年（七〇六）の建立とされ、度々大規模な修復は受けているが、現存する三重塔としては日本最古のものである。

塔の露盤《ろばん》（屋根の頂部をおさえる方形の台）に創建の由来が刻されていたが、当初の露盤は現存しない。しかし幸いその銘文は写し取られ、『聖徳太子伝私記』（一二四〇年頃成立）に「法起寺塔露盤銘文」として引かれている。その概略を記すと、つぎのようになる。

「推古《すいこ》天皇三十年（六二二）二月二十二日、聖徳太子は死に臨むと、山背大兄王《やましろのおおえのみこ》に、岡本宮《おかもとのみや》（引用者注：原文は「山本宮」だが、通説では「岡本宮」の誤写とする）の建物を改めて寺にすることを遺命し、大兄王は大和国の田十二町、近江国の田三十町を施《せ》入《にゅう》した。その後、舒明《じょめい》天皇十年（六三八）に福亮《ふくりょう》僧正が太子のために弥勒《みろく》像一軀《いっく》と金堂《こんどう》を造立し、天武《てんむ》天皇十四年（六八五）には恵施《えし》僧正が塔の構立を発願し、慶雲三年（七〇六）三月に塔の露盤が作られた」

太子「法華経」講説の故地か

原文では聖徳太子は「上宮太子聖徳皇《じょうぐうたいししょうとくおう》」と呼ばれている。『日本書紀』にも太子の異名の一つとして「豊耳聡聖徳《とよみみとしょうとく》」が挙げられているが（用明《ようめい》天皇紀）、『日本書紀』は養老四年（七二〇）の成立なので、「聖徳」という尊称の史料上の初出はこの露盤銘ということになる。ちなみに、「聖徳太子」の史料上の初出は天平勝宝《てんぴょうしょうほう》三年（七五一）成立の『懐風藻《かいふうそう》』序文である。

露盤銘では「岡本宮の建物を改めて寺にする」という太子の遺命にしたがって、嫡子の山背大兄王が法起寺を建立したことになっているが、昭和三十五年（一九六〇）からはじまった法起寺境内とその周辺の発掘調査によって、そのことが実際に確かめられた。寺院建立以前の飛鳥時代の建物の遺構や遺物がみつかり、それが、かつてこの岡本の地にあったとされる宮殿「岡本宮」のものである蓋然性が高まったからである。

法起寺　寺名は「ほっきじ」とも読まれていたが、現在、寺側では「ほうきじ」を正式の読みとしている（奈良県生駒郡斑鳩町）

岡本宮は、聖徳太子と仏教の関わりを考えるうえでは非常に重要な場所でもある。

なぜなら、『日本書紀』によれば、推古天皇十四年に太子は「法華経《ほけきょう》」を「岡本宮」で推古天皇に講じたとあるからである。

つまり、聖徳太子は法隆寺の近くで「法華経」を講説したのであった。

また、法起寺は岡本尼寺、池後尼寺とも称されたという。つまり尼寺であった。こうしたことから、岡本宮は、太子の妃の一人で、山背大兄王を生んだ刀自古郎女《とじこのいらつめ》（蘇我馬子《そがのうまこ》の娘）の宮ではなかったかと推測する説もある。

太子はふだんは斑鳩宮に住していたが、ときに妃の住まう近くの岡本宮に閑居することもあったのだろう。そこにはきっと仏堂も併設されていたのでないだろうか。

なお、塔露盤銘については、誤写があるとされることからその内容を全面的に信用することはできないとする見解もあることを付記しておきたい。

山背大兄王が建てた法輪寺

斑鳩にそびえるもう一つの三重塔を擁する法輪寺は、法隆寺から北へ一キロほどの地にある（斑鳩町三井《みい》）。三井という地名から三井寺とも呼ばれるが、この地名は聖徳太子が飛鳥《あすか》から三つの井戸をこの地に移したことに由来するといい、寺の側には太子が掘ったと伝えられる井戸が残されている。山背大兄王の産湯に使われたという伝承もある。

創建については二説が伝えられている。

ひとつは『聖徳太子伝私記』などにみえるもので、それによると、推古天皇三十年（六二二）、太子が病に臥したとき、その平癒を願って山背大兄王と由義王《ゆげのみこ》らが建立した。寺務は太子妃の一人・菩岐々美郎女《ほききみのいらつめ》を出した膳《かしわで》氏の後裔である高橋氏が預かることになったという。由義王は山背大兄王の子の弓削王と同一人物だろう。

もうひとつは『上宮聖徳太子伝補闕記《じょうぐうしょうとくたいしでんほけつき》』（平安時代前期）、『聖徳太子伝暦《りゃく》』（平安時代中期）にみえるもので、それによると、天智《てんじ》天皇九年（六七〇）に法隆寺が炎上したのち、百済《くだら》聞師・円明《えんみょう》師・下氷君《したひのきみの》雑物ら三人が合わせて造立したという。この三名の素性は不明だが、とにかくこちらの説は、初代法隆寺（若草伽藍《がらん》）の焼失後に建てられたとしている。

伽藍は正保《しょうほう》二年（一六四五）に大風のため塔を除いて倒壊したが、江戸時代中期に復興された。だが、残されていた塔も残念ながら昭和十九年（一九四四）に落雷で焼失してしまった。現在の塔は昭和五十年に復元再建されたものである。

昭和戦後には境内地の発掘調査が行われたが、その結果、当初の伽藍が、西に塔、東に金堂《こんどう》が並び建つ法隆寺式伽藍配置で、その規模が法隆寺の三分の二であったことが判明した。出土した瓦については七世紀前半のものと、七世紀後半のものの二種が確認された。そのため、二つの創建伝承をなぞるように、まず推古朝に創建され、天智・天武朝に至って改めて寺観が整えられたという推定がなされている。

菩岐々美郎女が造立に関わった法隆寺金堂本尊の釈迦如来三尊像《しゃかにょらいさんぞん》が、膳氏ゆかりの寺院ということから、法隆寺に遷される前はこの法輪寺に安置されていたのではないか、という説があるのは、先にも触れた（116ページ参照）。

飛鳥《あすか》時代の仏像として、ともに一木《いちぼく》造りの薬師《やくし》如来坐像（本尊／像高一一〇・六センチ）と虚空蔵菩薩《こくうぞうぼさつ》立像（像高一七五・四センチ）が伝えられているが、興味深いことに、前者の像容は法隆寺金堂の銅造薬師如来坐像に、後者は同寺の木造百済《くだら》観音像に非常によく似ている。法輪寺の薬師像は、寺伝では山背大兄王一族の現世利益《げんぜりやく》を願って鞍作鳥《くらつくりのとり》（止利仏師《とりぶっし》）に造らせたものとなっている。また、法隆寺の百済観音がかつては虚空蔵菩薩と呼ばれていたことは先に記した（120ページ参照）。

これらのことは、法輪寺と法隆寺、そして聖徳太子との深いゆかり、きずなをしのばせる。

寺の南側に地元の人々のあいだでは「岡の原」と呼ばれているささやかな丘陵があるが、地元では山背大兄王の墓所と伝えられている。

法輪寺　法隆寺東院の北方に位置する。現存の三重塔は昭和50年（1975）に復元再建されたもの（奈良県生駒郡斑鳩町）

コラム❷

播磨の斑鳩寺

「斑鳩寺《いかるがでら》」は法隆寺の別名だが、まぎらわしいことに、播磨《はりま》（兵庫県南西部）にもイカルガ（漢字では「鵤」と書かれる）という地名があり、斑鳩寺という寺院がある。

　播磨の斑鳩寺（兵庫県揖保《いぼ》郡太子町鵤《いかるが》）は、寺伝によると、法隆寺と同じく飛鳥《あすか》時代の創建である。推古《すいこ》天皇十四年（六〇六）、天皇の請いを受けて聖徳太子は「勝鬘経《しょうまんぎょう》」を講じ、また岡本宮《おかもとのみや》で「法華経《ほけきょう》」を講じた。これに感銘した天皇は、播磨国揖保郡の水田三百六十町を太子に賜った。そこで太子は大和の斑鳩宮から播磨に下り、水田の地を見ると鵤荘《いかるがのしょう》と名づけ、一つの伽藍《がらん》を営んだ。これが播磨の斑鳩寺の起源だという。

　推古天皇十四年に太子が講説をして天皇から播磨に水田を賜ったという話は、たしかに『日本書紀』に書かれている。『上宮聖徳《じょうぐうしょうとく》法王帝説《ほうおうていせつ》』や『法隆寺伽藍縁起幷流記資財《ならびにるきしざい》帳《ちょう》』にも同様の記述があるが、ただし講説が行われたのは推古天皇六年となっている。そしてこれらの史料によれば、太子は賜った土地を法隆寺に施入した（『法隆寺伽藍縁起』では、法隆寺・中宮寺《ちゅうぐうじ》・片岡寺に三分して施入したとする）。つまり法隆寺の寺領としたのである。

　播磨国の法隆寺領はやがて同寺の荘園とな

り、鵤荘と呼ばれるようになった。播磨の斑鳩寺は荘園経営の拠点としておそらく平安時代に建てられたのだろう、と言われている。

播磨・斑鳩寺　仁王門、講堂、聖徳殿、三重塔などの伽藍配置は法隆寺に似ている（兵庫県揖保郡太子町）

往時には七堂伽藍をそなえ、数十の坊庵が甍《いらか》をならべる、壮麗な大寺院だったという。

本尊として聖徳殿に安置されている太子像は、太子の髪の毛が植えられているということから「植髪《うえがみ》の太子」と呼ばれている。香炉と杓《しゃく》を捧げ持つ太子十六歳時の姿で、父・用明《ようめい》天皇の病気平癒を祈っているのだという。

太子とは直接は関係がないが、ユニークな寺宝に「古地球儀」というものがある。漆喰《しっくい》製のソフトボール大のいびつな球体だが、表面に複雑な凹凸がある。面白いことに、見ようによっては古拙な地球儀のようにも見え、日本列島と言われればそう見えなくもない凸部もある。いつどこで誰がつくったものか不明だが、遅くとも安土桃山時代には斑鳩寺に伝わっていたらしい。

この斑鳩寺とは別に、「播磨の法隆寺」と呼ばれる寺院もある。鶴林寺《かくりんじ》（兵庫県加古川《かこがわ》市加古川町北在家《きたざいけ》）がそれで、高句麗《こうくり》出身の僧・恵便《えべん》が排仏派の物部《もののべ》氏による迫害を逃れてこの地に身を隠したとき、太子が恵便のために精舎《しょうじゃ》を建立したのがはじまりと伝えられている。平安時代末期には勅願所に定められ、本堂（一三九七年）と太子堂（一一一二年）は国宝に指定されている。美麗な南北朝時代の「聖徳太子絵伝」（重要文化財）は宝物館で拝観できる。

播磨と太子、そして法隆寺は、飛鳥時代から深いえにしで結ばれている。

古地球儀　江戸期に作成された目録には「地中石」という記載がある（斑鳩寺）

鶴林寺　近畿地方には聖徳太子開基伝承のある寺院が多い（兵庫県加古川市）

第3章

聖徳太子ゆかりの古寺と史蹟

聖徳太子が生まれ育った宮

――生誕地と「上宮」はいったいどこか

太子生誕地と伝えられる橘寺

『日本書紀』によれば、懐妊していた穴穂部間人皇女《あなほべのはしひとのひめみこ》が「禁中《みやのうち》」をめぐって視察していたとき、馬官《うまのつかさ》（馬を管理する役所）の厩《うまや》の戸口まで来たところで産気づき、苦しみもなく出産した。こうして生まれたのが厩戸皇子《うまやとのみこ》であるという。聖徳太子の有名な生誕説話で、『上宮聖徳法王帝説《じょうぐうしょうとくほうおうていせつ》』にも同じようなことが書かれている。

ここに言及される「禁中」とはどの宮のことなのか、すなわち、記念すべき聖徳太子生誕地はいったいどこか、という問題についてはこれまで諸説が唱えられてきた。

そうしたなか、古来、太子生誕伝承地として有名なのが、飛鳥《あすか》ののどかな田園風景の中に建つ橘寺《たちばなでら》である（奈良県高市郡《たかいち》明日香《あすか》村橘）。

橘寺　入り口には「聖徳皇太子御誕生所」の石碑が立つ（奈良県高市郡明日香村）

橘寺は太子の祖父・欽明《きんめい》天皇の別宮である橘宮の旧地と伝承されている。橘樹寺《たちばなのきでら》、菩提寺《ぼだいじ》とも称し、『上宮聖徳法王帝説』に太子建立七カ寺の一つに挙げられているが、その草創については不明な点も多い。

まとまった創建縁起としては、平安時代中期の文献『聖徳太子伝暦《りゃく》』に記されているものが知られる。

「推古《すいこ》天皇十四年（六〇六）、太子が『勝鬘《しょうまん》経《ぎょう》』の三日間にわたる講説を終えると、夜になって、講説が行われた宮の近くに蓮の花が降り注いで地にあふれた。翌日、このことを伝え聞いた天皇は大いに驚き、車駕《しゃが》で行幸して地に蓮の花が満ちている様を目にした。そこで天皇はこの地に寺堂を建てることを誓った。こうして建立されたのが、橘樹寺（橘寺）である」

つまり、橘寺は太子が「勝鬘経」講説を行った地ということになっている。だが、太子生誕地であるとはとくに述べていない。

境内からは七世紀初めに遡る軒瓦《のきがわら》が出土しているが、宮殿の存在を示す遺物は見つかっていない。文献上の初見は『日本書紀』天武《てんむ》天皇九年（六八〇）四月条で、「橘寺の尼房に失火し、十房を焚《や》く」である。

結局、橘寺を太子生誕地とする説は古い信頼できる史料には見当たらず、確証することは難しい。『七大寺巡礼記』（『菅家本諸寺縁起集』）に、「厩戸」とも号した橘寺の往生院の地を太子誕生所とする説明がみえるが、この文献は室町時代前期頃の成立である。

あくまで仮説だが、太子の父の名「橘豊日尊」が飛鳥の地名である橘にちなんでいたとすれば、おそらく橘豊日尊は橘寺の前身であるこの橘の地につくられた宮（橘宮）で生まれ育ったのだろう。そこから敷衍されて、「太子は父親が住んでいた橘の地で生誕した」という伝説が生じたのではないだろうか。

ただし、『太子伝古今目録抄《ここんもくろくしょう》』（鎌倉時代）などによると、かつては五重塔がそびえ、金堂《こんどう》には法隆寺夢殿《ゆめどの》や四天王寺《してんのうじ》などと同じく救世《くせ》観音像が本尊として置かれていたという。橘寺が太子信仰との関わりのなかで発展してきた寺院であることは間違いない。

太子が半生を過ごした上宮

誕生した聖徳太子は、『日本書紀』によると、父・橘豊日尊の寵愛を受け、宮殿の南にある上宮《うえのみや／かみつみや》（上殿）に住んだという。

太子が幼少時から長じて斑鳩宮に移るまで多くの歳月を過ごしたと考えられ、加えて太子の通称ともなった「上宮」と呼ばれた宮殿がどこにあったのか、ということについても古来、諸説が入り乱れてきた。

上宮は一般に「地形的に高いところにある宮殿」が原意と解されているが、その場所を考える場合、まず問題となるのは「南側を上宮に臨む橘豊日尊の宮殿はどこにあったのか」である。

もしその宮殿が橘寺の地にあったとすれば、上宮はその南側のどこかにあったことになる。

『聖徳太子伝暦』は、坂田寺《さかたでら》が上宮の跡だと記している。坂田寺は渡来人の鞍作氏《くらつくり》が作ったとされる寺で、現存しないが、その寺跡は橘寺から東南に一キロほどのところである（明日香村阪田）。このあたりにかつては「厩戸垣内《うまやどかいち》」という字名《あざな》があり、そこを太子生誕地とする伝承があったという話もある（『大和志料』）。

正和《しょうわ》三年（一三一四）に成立した橘寺の法空《ほうくう》の著書『上宮太子拾遺記《じょうぐうたいししゅういき》』も、坂田寺の地が上宮であったとする説を載せ、さらに橘寺が上宮跡であるとする説も紹介している。

池辺双槻宮の比定地から上宮跡を推理する

橘豊日尊は太子十二歳時の敏達《びだつ》天皇十四年（五八五）に即位して用明《ようめい》天皇となり、池辺双槻宮《いけのへのなみつきのみや》を営んだ。そこで、用明天皇が即位の前後にわたって同じ宮に住んでいたと仮定して、池辺双槻宮の場所から上宮の場所を割り出そうとする向きもある。

池辺双槻宮の比定地については、おもに次の二つの説がある。

①天香久山《あまのかぐやま》東方の、橿原《かしはら》市東池尻町から桜井市池之内にかけての一帯。名称から磐余池《いわれのいけ》のほとりを宮地と考える説があるが（『大和志料』）、近年、御厨子《みずし》神社の東側

上之宮遺跡 「上之宮」の地名は聖徳太子が過ごした宮殿にちなむという説がある(奈良県桜井市)

で発掘された東池尻町の東池尻・池之内遺跡では堤の跡が確認され、磐余池の推定地となっていて、堤部分からは六世紀後半から七世紀前半の建物跡も見つかっている。したがって、この付近が池辺双槻宮の候補地となりうる。

②桜井市阿部《あべ》付近。石寸山口《いわれやまぐち》神社がかつて双槻神社とも呼ばれていたことから、このあたりを宮跡とする説がある。その南側の一帯には「上之宮《うえのみや》」という地名が残っている。

ここで①説をとると、その南側に広がる丘陵地帯が上宮の候補地となる。しかし、そのあたりには上宮跡と考えられる遺跡はみつかっていない。上宮はたんに池辺双槻宮の南側に隣接して作られた殿舎にすぎなかったかもしれない。

ただし、「池辺双槻宮の南」を広義にとると、飛鳥一帯がその範囲に含まれることになり、橘寺を上宮跡と推定することも不可能ではない。

一方、②説をとった場合、その南側に興味深い遺跡が存在する。その遺跡では六世紀中頃から七世紀初めにかけての掘立柱《ほったてばしら》建物群と石組溝、石敷などが検出されていて、地名から上之宮遺跡と名づけられている（桜井市上之宮）。まずは豪族の居館跡と推定されるが、その時代や地名などから、一時は太子の上宮跡地であることが有力視された。現在は住宅地となっているが、邸宅の敷地には石組を中心に園池がつくられていたと推測されている。少年時代の太子はそこで遊び戯れていたのだろうか。

しかし、この付近は古くから阿倍《あへ》氏の本拠地で、関連する古墳や寺跡もある。そのため阿倍氏の居館跡である可能性も高く、上宮跡と断定されてはいない。

結局、上宮の主要な候補地としては、坂田寺、橘寺、東池尻・池之内遺跡近辺、上之宮遺跡の四つが挙げられるが、いずれも決め手を欠くというのが現状である。

じつは斑鳩にもあった「上宮」

ちなみに、斑鳩《いかるが》にも「上宮」と呼ばれた土地がある。法隆寺の南側の旧字名で、こちらは「かみや」と読まれる。この地に建つ成福寺《じょうふくじ》は太子が晩年を過ごしたとされる飽波葦墻宮《あくなみあしがきのみや》の伝承地で、字名も太子伝承に関連しているのだろう。

平成三年（一九九一）度からこの付近で発掘調査が行われたところ、大型の掘立柱建物群が検出され、旧字名にちなんで上宮《かみや》遺跡と名づけられた（斑鳩町法隆寺南三丁目）。その建物群は奈良時代の称《しょう》徳《とく》天皇の行宮《あんぐう》・飽浪宮のものと考えられているが、将来、その付近から飛鳥時代の飽波葦墻宮が発見される可能性はあるという。遺跡周辺は現在は公園になっている。

上宮（かみや）遺跡　法隆寺の南東約1.5キロに位置し、公園として整備されている（奈良県生駒郡斑鳩町）

法隆寺では、太子は飽波葦墻宮で亡くなったと古くから伝えられている。斑鳩にあったもうひとつの「上宮」は、太子終焉の地であった。

豊浦宮と小墾田宮

——太子が執務をした推古女帝の宮殿

推古天皇が即位した豊浦宮

崇峻《すしゅん》天皇が暗殺された崇峻天皇五年（五九二）十一月の翌月、敏達《びだつ》天皇の皇后であった豊御食炊屋姫尊《とよみけかしきやひめのみこと》（額田部皇女《ぬかたべのひめみこ》）が皇位につき、推古《すいこ》天皇となった。史上初の女性天皇である。推古は推古天皇三十六年（六二八）三月の崩御まで在位したが、その間、二つの宮を拠点としている。当初の宮室は飛鳥《あすか》の豊浦宮《とゆらのみや》で、推古天皇十一年（六〇三）からは小墾田宮《おはりだのみや》に遷っている。

皇太子・摂政《せっしょう》として推古天皇の治政を支えた聖徳太子も、この二つの宮へは、上宮《うえのみや》から、あるいは斑鳩宮《いかるがのみや》から、足しげく通ったことだろう。

豊浦宮の所在地は現在の明日香《あすか》村豊浦《とようら》に比定され、のちに寺に改められて豊浦寺《とゆらでら》と

向原寺　現在の向原寺とその周辺には豊浦寺の遺構が残っている（奈良県高市郡明日香村）

なったとされている。『日本書紀』の推古天皇崩御後の記事（「舒明《じょめい》天皇紀」）にみえる山《やま》背大兄王《しろのおおえのみこ》の台詞には、「以前、病気になった蘇我蝦夷《そがのえみし》を見舞うために京《みやこ》に行った際、豊浦寺に滞在した」というくだりがある。

豊浦寺は金堂《こんどう》、講堂、塔などをそなえた一大伽藍《がらん》であったという。だが、やがて荒廃し、中世には消滅してしまったらしいが、跡地にその後身として真宗寺院・向原寺《こうげんじ》が建てられ、小寺ながらも今に法灯を伝えている。飛鳥川の左岸で、甘樫丘《あまかしのおか》の北西麓にあたる場所である。

豊浦は日本仏教揺籃の地

豊浦は日本仏教の黎明と深い関わりのある

土地でもある。

『日本書紀』によれば、欽明《きんめい》天皇十三年（五五二）、百済《くだら》の聖明王《せいめいおう》から天皇に釈迦仏の金銅像、幡蓋《ばんがい》、経論が献上され、仏教が公式に伝来した。このとき天皇は仏教受容の是非を豪族たちにはかったが、排仏派の物部尾輿《もののべのおこし》・中臣鎌子《なかとみのかまこ》と崇仏派の蘇我稲目《そがのいなめ》が対立してはげしい議論となった。迷った天皇は、仏像を崇仏派の稲目に託して試しに礼拝させてみることにした。稲目は歓喜してこれを引き受け、小墾田の自邸に仏像を安置し、さらに向原《むくはら》にあった家を捨てて寺となした。

「小墾田」はのちに小墾田宮が建てられる場所で、稲目の家があったという「向原」は、正確にどこをさす地名なのかは不明だが、一般に豊浦近辺と考えられている。稲目がそこにつくった寺はおそらく仏殿・仏堂程度のものであったのだろうが、それは日本最初の寺院ということになる。

そして、どうやら向原の仏殿が豊浦宮と豊浦寺のルーツになるらしい。その理由を説明してみよう。

仏教公伝に関する古記録を含むとされる『元興寺伽藍縁起《がんごうじがらんえんぎ》并《ならびに》流記資財帳《るきしざいちょう》』（最終的な成立は平安時代）によれば、向原の仏殿は敏達朝に桜井寺《さくらいでら》（桜井道場）に改められ、百済で受戒して帰国した善信尼《ぜんしんに》ら三人の尼僧が住したという。

また『上宮聖徳法王帝説《じょうぐうしょうとくほうおうていせつ》』によれば、桜井寺は豊浦寺の旧称だという。

そして、推古朝の豊浦宮の後身が豊浦寺と考えられている。

これらのことを考えあわせると、向原の仏殿→桜井寺→豊浦宮→豊浦寺と発展したと考えられ、その最終形が現在の向原寺ということになる（ただし、向原、桜井が豊浦と同じ場所を指しているのか、それとも近傍の地名なのかが、はっきりわからない）。

つまり、豊浦宮は蘇我稲目の邸宅の跡地に営まれたものであった。ちなみに、推古天皇は稲目の孫であり、聖徳太子は稲目の曾孫にあたる。

そしてまたそこは日本初の寺院の故地であり、仏教公伝と深いゆかりをもつところでもあった。推古天皇は即位後まもなく仏法興隆の詔《みことのり》を発しているが、それもむべなるかなの地だったのである。

蘇我氏の拠点につくられた小墾田宮

推古天皇十一年、推古天皇は新たに造営された小墾田宮（小治田宮）に遷った。

なぜ宮を遷したのだろうか。

豊浦は地形からするとさほど広い敷地をとれないので、手狭な豊浦宮では不便ということになったからかもしれない。また、『日本書紀』には推古天皇七年に地震が起きて多くの建物が倒壊したとあるので、そのことも影響して新宮の建造が進められたのかもしれない。

小墾田宮の比定地には、かつては向原から北西に歩いて数分のところにある古宮《ふるみや》遺跡が有力視されていた。現在は田畑の中に塚のような土壇が残るのみだが、この付近から七世紀前半の小池と石敷を配した庭園跡や建物跡が見つかり、小墾田宮跡と推定されたのだ。

ところがその後、これを覆す発見があった。

昭和六十二年（一九八七）に、古宮遺跡から東へ五〇〇メートルほどの、飛鳥川の右岸方向にある雷丘《いかずちのおか》東方遺跡で、「小治田宮」と墨書された土器が多数出土したからである。もっともその土器は平安時代初期のものではあったが、近年では雷丘の周辺を小墾田宮の所在地とする説が有力になっている。

たしかに、このあたりならば平地が広がっているので（当時は湿地だったかもしれないが）、広い敷地を確保でき、大規模な宮殿を新しく構えるのに適している。

古宮遺跡　豊浦にある小墾田宮推定地。土壇の上に1本の木が立ち、古宮土壇とも呼ばれる（奈良県高市郡明日香村）

そして、先に触れたように、小墾田もまた蘇我稲目の家があった場所であり、蘇我氏の本拠地のひとつであった。

推古朝は蘇我氏のテリトリーを本拠とした。太子が斑鳩に自分の宮を移遷したのは、蘇我氏の勢力圏から離れたところに身を置きたいという思いもあったからではないだろうか。

都宮のモデルになった小墾田宮

冠位十二階の制定、憲法十七条の撰述、遣隋使《けんずいし》の派遣、『天皇記』『国記《こくき》』の編纂など、推古朝の主要政策や改革は、この小墾田宮に遷ってから実施されている。そして、それを支えたのが蘇我馬子《そがのうまこ》であり、聖徳太子であった。政治家として円熟期を迎えた太子は、この宮で孜々営々《ししえいえい》と政務に励んだことだろう。

また、推古天皇十六年に隋使・裴世清《はいせいせい》の一行を迎えたのも、小墾田宮であった。『日本書紀』の記述などからその景観を復原すると、南から南門（宮門）、朝庭、庁、大門があり、大門の向こうに天皇の居所である大殿《おおとの》があった。それは単純な構造だったが、大国の使節を受け入れることを想定したものであり、藤原宮や平城宮などの都宮のモデルにもなったと考えられている。

そして小墾田宮の南方には、仏塔と三つの金堂が甍《いらか》を並べる、馬子の発願《ほつがん》にかかる飛鳥寺《あすかでら》（法興寺《ほうこうじ》）の大伽藍が望めたはずである。

向原寺で発掘された宮殿の敷石

豊浦宮に話を戻すと、その後身とされる向原寺の境内では昭和三十二年から発掘調査が行われている。その結果、金堂、講堂、廻廊、塔などをそなえた、七世紀前半にさかのぼる大伽藍の遺構が確認されていて、豊浦寺のものと推測されている。

豊浦寺跡遺構　寺院遺構の下からは掘立柱建物の遺構が見つかっていて、豊浦宮との関連が指摘されている（奈良県高市郡明日香村・向原寺境内）

さらに昭和六十年に行われた調査では、講堂と推定される基壇建物の下層から、石敷や掘立柱建物の遺構が見つかっている。これは、豊浦宮の跡か、稲目の向原邸の跡である可能性が大である。

向原寺の境内の一角には発掘現場の一部が屋根をもうけて保存されていて、柱穴や石敷が発掘時のまま残されている。今から千四百年前、宮殿につづくこの石敷の上を推古天皇と聖徳太子が連れ立って歩んでゆくこともあったのだろうか。

四天王寺

——太子信仰の一大聖地

『日本書紀』に記された二つの創建年

法隆寺とならぶ聖徳太子信仰の拠点として知られるのが、大阪の四天王寺《してんのうじ》である（大阪市天王寺区四天王寺）。

古くは荒陵寺《あらはかでら》とも称し、太子の化身とされる救世観音《くぜかんのん》を本尊とする。そして金堂《こんどう》の内陣にはこの本尊の四方に寺号の由来でもある四天王像が配されている。

五重塔と金堂が前後に一直線にならび、それを廻廊が囲むシンプルな伽藍《がらん》が特徴的で、このような伽藍配置を四天王寺式と呼ぶ。ただし、現在の諸堂塔はほとんどが第二次大戦後の再建である。

伽藍部分をとくに敬田院《きょうでんいん》ともいうが、かつてはこれに付属して施薬院《せやく》（薬草を栽

四天王寺 朱塗二層式の極楽門（大阪市天王寺区）

培・調薬・施与する施設）、療病院《りょうびょういん》（病院）、悲田院《ひでんいん》（貧窮者や身寄りのない老人のための社会福祉施設）があり、これら四院を合わせて四天王寺としていた。

四天王寺の創建をめぐっては、『日本書紀』に有名な伝承が記されている。

用明《ようめい》天皇二年（五八七）に用明天皇が没すると、まもなく蘇我《そが》氏と物部《もののべ》氏が対決した丁未《ていび》の乱が生じたが、当時十四歳の聖徳太子も蘇我氏側についてこの戦いに加わった。

物部氏がはげしく抗戦したため、蘇我氏側が一時劣勢となったが、そのとき太子はヌリデの樹を伐り取って四天王像を作り、それを頂髪に置き、「もし敵に勝たせてくれるなら、四天王のために寺塔を建立しましょう」と誓願した。四天王は仏界を守護し、正法を奉じる国家を鎮護する神（天）で、持国天《じこくてん》・増長天《ぞうちょう》・広目天《こうもく》・多聞天《たもん》の四天をいう。

また、蘇我馬子《うまこ》も諸天王と大神王《だいじんおう》らに寺塔の建立と仏法の流通《るずう》を誓願した。その結果、蘇我氏側が大勝をおさめ、物部守屋《もりや》は殺害された。

乱後、太子の誓願にしたがって摂津《せっつ》国に四天王寺が造られ、守屋の奴《やっこ》や領地は寺に施入《せにゅう》された。一方、馬子の請願にしたがって建てられたのが、飛鳥寺《あすかでら》（法興寺《ほうこうじ》）である。

つまり、四天王寺は太子の四天王に対する発願にもとづいて、五八七年に創建されたことになる。

ところが、『日本書紀』はこの後の推古《すいこ》天皇元年（五九三）条にも「この年、はじめて四天王寺を難波《なにわ》の荒陵《あらはか》に造る」と書いている。

すなわち、『日本書紀』には創建年について二通りが示されていることになる。

実際に創建されたのは七世紀はじめか

平安時代以降に成立した聖徳太子関係の史料に、四天王寺はまず五八七年に「玉《たま》造《つくり》」の岸上に創建され、五九三年に「荒陵」（現在地）に移建されたとするものがあるが（『四天王寺御手印縁起《ごしゅいんえんぎ》』『聖徳太子伝暦《りゃく》』など）、これは事実ではなく、当初から現在地に創建されたと考えられている。玉造にあたる場所（大阪市北部の天王寺区、中央区にまたがる地域）からは古代寺院の遺構が見つかっていないからである。『日本書紀』にみえる二つの創建年を合理的に解釈しようとして移建説が生じたのだろう、といわれている。

ちなみに、荒陵という地名は陵墓があったことにちなむと考えられ、現寺地から南西数百メートルのところにある茶臼山古墳《ちゃうすやま》をこれにあてる説がある。寺地のもっと近くにかつて古墳があったという話もある。

結局、四天王寺の創建はいつなのか。もし五八七年なら、それは推測される法隆寺（若草伽藍）の創建年代を明らかにさかのぼり、四天王寺こそが聖徳太子が最初に建立した寺院ということになる。

だが、考古学的な発掘調査では若草伽藍出土の軒丸瓦《のきまるがわら》と同笵《どうはん》のもの（同じ鋳型や原型から作られたもの）がみつかっており、金堂の建立は六一〇年代に推定されている。つまり、七世紀はじめの創建ということになる。『日本書紀』が示す五八七年という年次は、創建年ではなく、たんに太子が建立を発願した年をさしているのかもしれない。

『日本書紀』には、太子の死の翌年である推古天皇三十一年（六二三）七月に新羅《しらぎ》と任那《みまな》から献上された舎利《しゃり》・金塔《こんとう》・灌頂幡《かんじょうばん》などが四天王寺に納められたとあるので、少なくともこの頃には金堂は完成していたのだろう。講堂と廻廊は七世紀後半の完成とみられている。

こうしたことからすると、太子の存命中に伽藍がどれだけ整っていたかは不明で、太子の没後、太子追善のために本格的に建立された可能性も考えられよう。

創建当初の本尊は阿弥陀三尊だった？

四天王寺の金堂本尊は、太子の化身とされる救世観音である。ただし、法隆寺夢殿《ゆめどの》の立像の救世《くせ》観音とはちがって半跏《はんか》に坐し、右掌は正面に向けて施無畏印《せむいいん》をとっている。現在の像は昭和の再造仏だが、古様の像容を再現したものといわれる。

もっとも、救世観音が確実に四天王寺の本尊となったのは平安時代からで、それ以前の本尊についてはじつはあまりはっきりしていない。

平安時代初期に編まれたとみられる四天王寺縁起の『大同縁起《だいどう》』は、『聖徳太子伝暦』の注釈書『太子伝古今目録抄《ここんもくろくしょう》』（十三世紀前半成立）に逸文が引かれるのみだが、それによると、四天王寺金堂には、①恵光《えこう》法師（六二三年帰朝）が唐《とう》から請来《しょうらい》した阿《あ》弥陀《みだ》三尊《さんぞん》像があり、②天智《てんじ》天皇（称制六六一～六六七年、在位六六八～六七一年）の時代に納められた弥勒《みろく》菩薩《ぼさつ》像もあった。さらに③聖徳太子本願の大四天王像も安置されていたという。

①にみえる恵光法師は、四天王寺に舎利などが納められたという、先に触れた『日

救世観音像　平安期の四天王寺本尊を描いたものと思われる。『大正新脩大蔵経』「図像部第三巻」所収の『別尊雑記』（仁和寺本）より

本書紀』推古天皇三十一年七月条の記事につづけて列記される帰朝僧のひとりで、①はこの記事に符合するといえる。

したがって、①②の記述からは、四天王寺金堂の当初の本尊は推古朝に唐から請来された阿弥陀像であり、天智朝に弥勒に代わったのではないか、と推察することができる。そして『太子伝古今目録抄』は②の弥勒像について、救世観音のことではないかと注釈している。天智朝以来、金堂に安置されていた半跏型の弥勒像が、太子信仰が発展した平安時代になると、聖徳太子の神格化ともいえる救世観音と解されてそう呼ばれるようになったのではないだろうか。

そして③の「聖徳太子本願の大四天王像」は、太子が物部氏との戦いで四天王に誓願したことにいわれをもつ尊像ということになるのだろう。

また『大同縁起』は、四天王寺の五重塔には、安倍大臣《あへのおおおみ》によって納められた小四天王像が安置されているとも記している。安倍大臣とは孝徳《こうとく》朝（六四五～六五四年）で左大臣を務めた阿倍倉梯麻呂《くらはしまろ》（?～六四九年）のことである。この記述は、『日本書紀』大化《たいか》四年（六四八）二月八日条の「阿倍大臣が四衆《ししゅ》を四天王寺に招請し、仏像四軀を迎えて塔の中に安置した」という記事と符合するので、史実と考えてよいだろう。

孝徳朝には都が飛鳥《あすか》から難波に遷されているので、新都守護の意味を込めて新たに四天王像が迎えられたのだろうか。

『大同縁起』は、斉明《さいめい》天皇（六六一年没）の菩提を弔うために造られた大四天王像も五重塔に安置されていると記している。造主はおそらく斉明の跡を継いだ天智天皇だろう。

ところで、この寺院が創建当初から「四天王寺」と呼ばれていたこと、つまり当初から金堂に四天王像が置かれていたことに疑問をさしはさむ向きもある。四天王信仰が日本に流布するようになったのは、一般に七世紀なかばごろからとみられているからだ。

その根拠のひとつは、四天王信仰の利益《りやく》を説く護国経典「金光明経《こんこうみょうきょう》」の日本における文献上の初出が『日本書紀』天武《てんむ》天皇五年（六七六）十一月二十日条であることで、この日、その講説が行われたという。七世紀なかばになってから四天王像が二対も四天王寺に納められていることは、この見方を傍証しているようにも映る。

大阪湾岸を本拠とした渡来系の難波吉士《なにわのきし》氏の氏寺《うじでら》をルーツにみる説（田村圓澄《えんちょう》氏）や、『日本書紀』敏達《びだつ》天皇六年（五七七）十一月条に記される「難波の大別王《おおわけのおおきみ》の寺」をその前身とする説（平岡定海《じょうかい》氏）もかつて唱えられている。

はたして誰の発願によって建立されたのだろうか。聖徳太子はこの寺にどのようなかたちで関わっていたのだろうか。四天王寺の草創期は模糊とした霧に包まれている。

平安時代には「極楽浄土の東門」として信仰される

八世紀後半までには四天王寺に聖霊院《しょうりょういん》が建立された。そこには太子像が置かれ、太子の絵伝が納められ、神格化された太子の霊廟として信仰を集めるようになった。

四天王寺の太子信仰は十一世紀に入ると、新たな展開をみせる。そのきっかけは、『四天王寺御手印縁起《ごしゅいんえんぎ》』（『荒陵寺御手印縁起』『本願縁起』などとも呼ばれる）という文献の登場である。

それは寛弘《かんこう》四年（一〇〇七）に寺僧の慈蓮《じれん》が金堂内の六重宝塔から見つけだしたものと言われ、その原本（「根本本」と呼ばれる）が四天王寺に寺宝として残されている。巻末の記載によれば、聖徳太子みずからが推古天皇三年（五九五）に書いたもので、紙面には太子のものとされる手印が二十五個、捺されている。

しかし、内容からして太子作とはとうてい考えられず、寛弘四年の発見直前に、四天王寺が太子信仰の霊場であることを宣揚するために、太子に仮託して、慈蓮かその関係者によって作成されたものと考えるのが定説となっている。つまり、偽書ということになる。

だが、かつては誰もがこの書を太子自筆の書と信じて疑わなかった。この書を読んで感激した後醍醐《ごだいご》天皇は、建武《けんむ》二年（一三三五）に原本をみずから書写している。

そこにはどんなことが書かれているのだろうか。

本文の内容は大きくは、創建縁起、寺院資財の記録、太子の誓願の三つに分けられる。

冒頭の縁起部分では、はじめは玉造の岸上に建てられたが推古天皇元年に荒陵に移されたという、先にも触れた移建説を説き、さらにつぎのようなことが書かれている。

「この地はかつて釈迦如来《しゃかにょらい》が法輪を転じた地であるので、寺塔が建てられた。寺地は青龍によって常に守護され、東には麗水が流れ、宝塔と金堂は極楽浄土の東門の中心にあたっている。塔の心柱《しんばしら》には、仏舎利《ぶっしゃり》とともに聖徳太子の髪も納められている。金堂に安置されている金銅の救世観音像は、百済《くだら》の国王から贈られたものである」

四天王寺が浄土への入り口だというくだりは、平安時代に盛行しはじめた浄土信仰を四天王寺と結びつけようという偽作者側の意図を反映したものだろう。

実際、『御手印縁起』の出現以降、四天王寺は浄土信仰の霊場としても大いに隆盛している。そして春秋の彼岸になると、四天王寺の西門付近に貴顕が集まり、西方はるかにあるという阿弥陀浄土を念じながら真西に沈む夕陽を拝する、日想観が盛んに修された。当時は境内の西方の近くまで海が迫っていたので、人びとは心ゆくまで落日を拝むことができたのである。

現在も四天王寺の西門の石鳥居の上に「釈迦如来　転法輪処　当極楽土　東門中心」と記された扁額が掛かっている所以は、これである。

また、金堂本尊が「救世観音」であることが明記されているのも、注目すべき点である。

『御手印縁起』に記された太子の予言

さらに注目されるのは、三番目のおもに太子の誓願を記す部分に、予言的な文章が書かれていることだ。

それを要約すると、およそつぎのようになる。

「もし将来、仏法を敬わず、寺物を横領し、寺領をかすめ取るような者が現れれば、仏法は滅び、君臣・父子の秩序は乱れ、鬼神はことごとく怒り、疫病《えきびょう》がはやり、社会は乱れてしまうだろう。哀れでいたましいことである」

『御手印縁起』が出現したころ、日本ではちょうど末法《まっぽう》思想が盛行していた。末法とは、仏の教えは残るが、修行も悟りもなくなるという暗黒の時代で、仏滅から二千年後にはじまり、一万年のあいだそれが続くとされていた。いつが末法の第一年にあたるかはいくつか説があったが、平安時代には、仏滅を紀元前九四九年とする唐の『破邪論』などを根拠に、永承《えいしょう》七年（一〇五二）とする認識が広まっていた。

繰り返しになるが、当時の人びとは『御手印縁起』が太子直筆のテキストであると信じていた。したがって、そこに書かれていた太子の不吉な予言は末法思想とも結びついて熱心に信じられ、人びとに大きな不安をかきたてたのである。

だが、『御手印縁起』はこうも説いている。

「仏法が滅んでも、四天王寺に一本の香、一本の花でも捧げて供養するならば、その者は極楽浄土と縁を結ぶことができ、子孫は末代まで幸せになれる」

そして最後は、四天王寺は「一切の衆生、帰依《きえ》渇仰《かつごう》し、断悪修善《しゅぜん》して、速かに無上大菩提《ぼだい》を証せしむる処」だと結んでいる。

太子が記されたとされる予言書（「太子未来記」と呼ばれる）は、のちにさまざまなものが現れるが、『御手印縁起』のものはそのはしりとなり、後世の太子信仰に大きな影響力をもった。

そして平安時代なかばからは、太子信仰は法隆寺ではなく四天王寺を拠点として広まっていったのである。

現在も息づく舎利信仰

太子信仰は仏舎利信仰と結びつきが強いが、四天王寺も例外ではない。先に触れたように、『日本書紀』には、推古天皇三十一年（六二三）に新羅から献上された舎利が四天王寺に納められたとあるし、『御手印縁起』は、塔の心柱に舎利が太子の髪とともに納められていると記している。

また、伝説では、聖徳太子は誕生したとき手のひらに仏舎利をにぎっていて、二歳の春に東方に向かって「南無仏《なむぶつ》」と唱えたときに、手のひらからこぼれ落ちたという。それは「南無仏の舎利」とか「拳内《けんない》舎利」と呼ばれ、法隆寺東院《とういん》の舎利殿に安置され

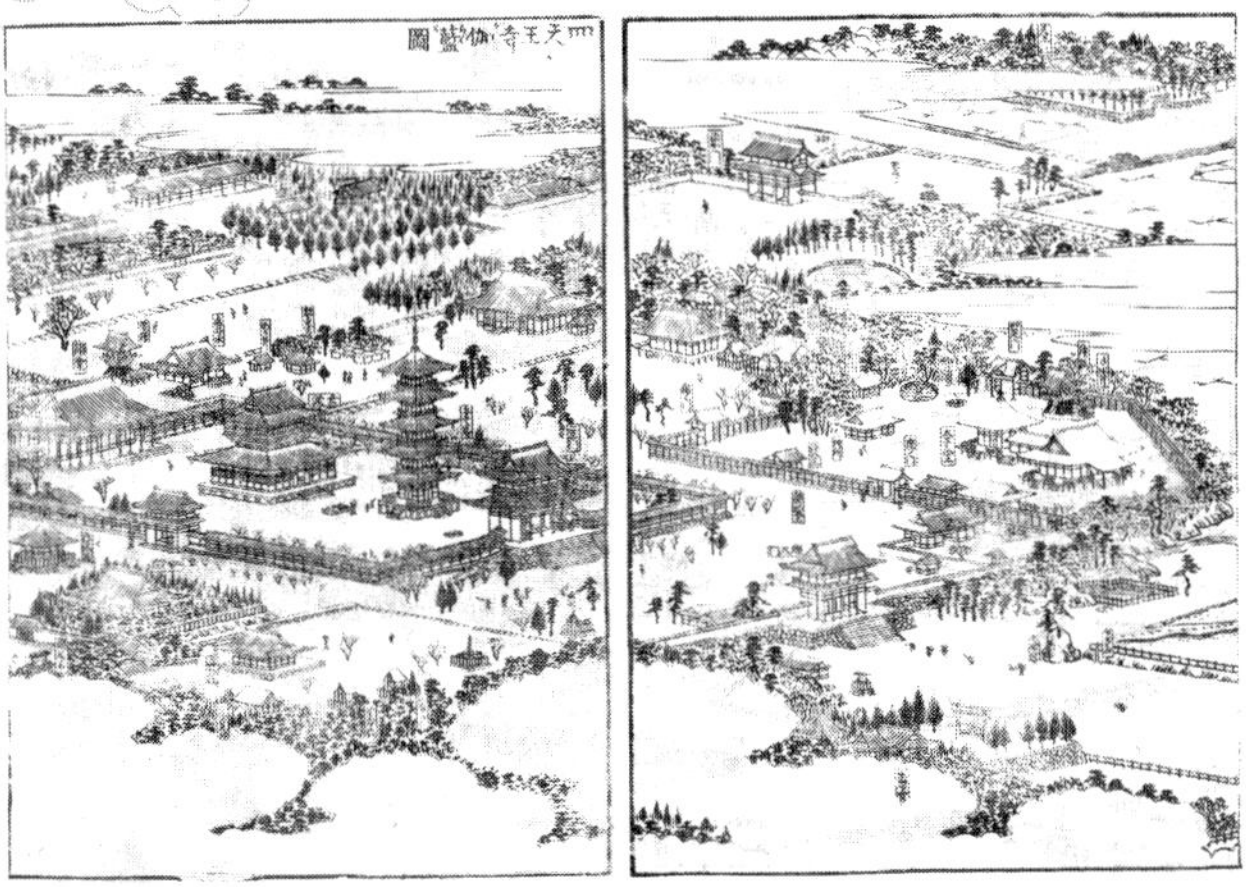

四天王寺の風景 『摂津名所図会』に描かれた江戸期の四天王寺（国立国会図書館）

ているといわれているが、じつは四天王寺金堂内の舎利塔に安置されているのも「南無仏の舎利」だという伝承がある。

四天王寺金堂では、その舎利を供養する「舎利出《だし》」と呼ばれる法要が、参詣者を前に日々、厳修《ごんしゅ》されている。僧侶が舎利塔から舎利の入った容器を取り出し、本尊の前で供養し、さらにその容器を参詣者ひとりひとりの頭上にかざしつけて釈尊や太子と結縁させ、先祖を供養するというものである。

現在は午前十一時から毎日欠かさず行われていて、古代から連綿とつづく太子信仰がいまもしかと生きていることを体感することができる。

達磨寺
——片岡飢人説話と達磨伝説

隠身の神仙を見抜いた太子

第一章で示したように、『日本書紀』には、聖徳太子の事績がそう多く書かれているわけではないが、その限られた事績のひとつに片岡飢人《かたおかきじん》説話がある。

推古天皇二十一年（六一三）十二月一日条にあるもので、太子が片岡（奈良県北《きた》葛城《かつらぎ》郡王寺町《おうじちょう》付近か。片岡山とも）へ出かけた際、道端に飢えた人が倒れているのを見つけた。太子は名を名乗らぬその者に飲み物と食べ物を与え、自分の服を脱いで彼に掛け、「安らかに寝なさい」と言い、歌を一首詠んで去った。

翌日、使者をやって飢えた人の様子を見に行かせると、すでに亡くなっていたという。太子は深く悲しみ、片岡に墓を作らせ、遺体を埋めさせた。

数日後、太子は「先日、道で倒れていた飢えた人は、凡人ではあるまい。きっと真人《ひじり》であろう」と側近に言い、使者を墓に遣わした。戻って来た使者はこう報告した。「墓の中を開けてみますと、遺体はすっかりなくなって、ただ服だけが、たたんで棺の上に置いてありました」

そこで太子は再び使者を返し、その服を取って来させ、以前のようにまた自分で着用した。時の人は大いに不思議がり、「聖《ひじり》が聖を知るというのは、本当のことなんだな」と言って、ますますかしこまった――。

太子の慈悲深さに加えて、隠身の神仙を見事に見抜いたその非凡さを伝えようとする、伝奇的な味わいのある説話である。『日本書紀』は史実として記しているが、明らかにフィクション的な要素が濃い。太子の死後まもない時点から――ひょっとすると生前の時点から――、太子の生涯の伝説化が進んでいたことをうかがわせる。

太子が会った飢人はじつは達磨だった

片岡飢人説話は、奈良時代以降に成立したさまざまな太子伝に、内容を増幅させながら語り継がれていった。

たとえば、平安時代前半に成立したとされる『聖徳太子伝暦《りゃく》』では、飢人の姿かたちについて「面長で、頭が大きく、両耳は長く垂れ、目は細長く、その目を見開くと内側に金色の光があり、ふつうの人とは異なっていた」と異相が強調されて形容されている。

さらに同書は、本文の注釈として、「『七代記《しちだいき》』に云う」という引用のかたちをとって、「飢人はもしくは達磨《だるま》か」と付記している。飢人に身をやつした真人の正体は、じつは中国禅宗の祖である達磨大師ではなかったか、というのである（注釈は、『聖徳太子伝暦』原本にはなく、その書写の過程で加えられたものである可能性もあるという）。

ここに登場する『七代記』とは、『四天王寺障子伝《してんのうじしょうじ》』『異本上宮太子伝《じょうぐうたいし》』などの異称もある古代の太子伝のひとつで（『七代記』という書名は同書が『大唐国衡州衡山道場《だいとうこう》釈思禅師《しゃくし》七代記』を引用することに由来する）、逸文《いつぶん》しか残っていないが、奈良時代には成立したとみられる。つまり、奈良時代には、太子が日本で達磨と邂逅《かいこう》していたとする説が生じていたことになる。

また『聖徳太子伝暦』は、『七代記』からの引用としてさらに、つぎのような逸話も注釈として紹介している。

「慧思《えし》（中国天台宗の第二祖）が衡山（南岳《なんがく》）にあった達磨の道場を訪れたとき、達磨は慧思に『あなたは東海の国に生まれ変わって、いまだ仏法の機縁のないかの国（日本）に正法《しょうぼう》を宣揚しなさい』と言い、先に東へ去った」

『七代記』では、じつは中国の高僧・慧思は太子の前世という設定になっている（226ページ参照）。ということは、その前提に立って解釈すると、太子は前世では達磨の弟子であり、達磨は皇太子として生まれ変わった太子を追うようにして日本に渡り、飢人の姿をとってかつての弟子である太子と再会したという話にもなる。

達磨は実在したとすれば六世紀はじめごろの人だが、中国では棺の中に片方の履《くつ》だけを残して登仙したと伝えられていた。そこで、片岡の墓の棺に服だけを残して姿を消した真人が達磨に付会されることになったのだろうか。

鎌倉時代に成立した仏教通史『元亨釈書《げんこうしゃくしょ》』（一三二二年成立）にも太子の片岡説話が、飢人を達磨の化身として記されているが、筆者の虎関師錬《こかんしれん》は「達磨は応化《おうげ》（仏・菩薩《ぼさつ》の化身）として日本に来たのであり、日本は仏法の広まる以前の状態だったので、仏法に飢えた人の姿をとって現れ、仏法が盛んになるきっかけとなる足跡をつくったのだ」と論じている。

達磨の墓の上に建てられた達磨寺

『元亨釈書』の達磨伝は、太子が飢人＝達磨のために片岡に築いた墓は今もあり、俗に「達磨墳」と呼ばれている、とも記している。

その「達磨墳」の地に建てられたと伝えられているのが、王寺町にある達磨寺《だるまじ》（王子町本町二丁目）である。

寺伝によれば、達磨の墓を整え、精舎《しょうじゃ》を建立し、聖徳太子自刻の達磨像を安置したのが濫觴《らんしょう》だという。平安末期には荒廃してしまうが、建久年間にこれを嘆いた笠置《かさぎ》の解脱《げだつ》上人（貞慶《じょうけい》）が達磨像を繕い、荒れた堂を修繕し、三層の塔婆《とうば》を建て、初めて達磨寺と称したという。達磨大師、聖徳太子、千手観音を本尊とし、現在は臨済宗《りんざいしゅう》南禅寺派に属する。

飢人の奇瑞譚《きずいたん》を証しするように、境内には三基の古墳がある。いずれも六世紀末ごろの築造と推定される円墳だが、達磨墓と伝承されているのはこのうちの三号墳で、ちょうどその真上に本堂が建つ格好となっている。

この墓に実際に葬られているのは、はたして誰なのだろうか。

達磨寺　境内には数多くの史跡が残る（奈良県北葛城郡王寺町）

本堂の裏手にある一号墳は、太子の愛犬・雪丸《ゆきまる》の墓と伝えられている。

達磨寺とは国道をはさんだ反対側にあたる小丘の麓には、太子建立と伝えられる古刹・放光寺《ほうこうじ》がある。敏達《びだつ》天皇の第三皇女が造った片岡宮《かたおかのみや》がルーツともいわれ、片岡王寺とも称する。現在はさほどの敷地をもたないが、往時は七堂伽藍をそなえた大寺院であったそうだ。

一説に、放光寺は太子と刀自古郎女《とじこのいらつめ》とのあいだの娘・片岡女王《かたおかのひめみこ》が開いた寺だという（東野治之《とうのはるゆき》氏）。片岡女王は皇極《こうぎょく》天皇二年（六四三）の上宮王家滅亡後も生き延び、再建法隆寺を見届けて七世紀の終わりごろまで存命だったとも考えられている女性である。

広隆寺

——太子ゆかりの弥勒像を安置する京都の古寺

『聖徳太子伝暦』に記された太子の山城

ふたたび『聖徳太子伝暦《りゃく》』の記事を紹介したい。

推古《すいこ》天皇十二年（六〇四）の八月のある日、聖徳太子は側近の秦河勝《はたのかわかつ》を連れて飛鳥《あすか》から北へ向かった。都の北方五、六里のところまで行くと楓《かえで》の林があって、かぐわしい香りのする美しい村があり、そこで河勝が親族を率いて饗応してくれる——という夢を見たからである。

翌日、太子と河勝は、秦氏一族の出迎えをうけつつ、山城国の楓野《かえでの》の大堰《おおい》のあたりに着き、蜂岡《はちおか》のふもとに造営された仮宮に入った。そしてこう語った。

「この地の相は国の中でも秀でており、東西南北が風水の理にかなっている。今から三百年（「二百年」の誤記か）のちに一人の聖皇があらわれて、都をこの地に遷して、仏法を興隆するだろう」

太子はこの地に十日とどまってから飛鳥に帰った。以後、太子はしばしばこの地に遊ぶようになり、その宮は楓野別宮《かえでののべつぐう》と呼ばれるようになった――。

広隆寺　平安京遷都以前から存在した京都最古の寺院（京都市右京区）

太子に仕えた秦氏が建立した広隆寺

「楓野」とか「蜂岡」は、現在の京都市西部にあたる地域の地名と考えられている。葛野《かどの》川（桂川）流域のこのあたりは古くは山背《やましろ》国（山城国）葛野郡に属し、渡来系氏族として知られる秦氏が開拓して住み着いたところだった。

太子の台詞の「のちに一人の聖皇があらわれて、都をこの地に遷す」というくだりが、延《えん》暦《りゃく》十三年（七九四）の桓武《かんむ》天皇による平安遷都を暗示していることは、説明するまでもないだろう。つまり『聖徳太子伝暦』は、太子が平安京を予言していたというのである。

さらに『聖徳太子伝暦』は、「太子はのちに楓野別宮を寺に改め、河勝に賜った。寺の周囲の水田や山野、新羅《しらぎ》王が献じてきた仏像や幡蓋《ばんがい》なども賜った」とも記している。この楓野別宮に由来する寺が、蜂岡寺《はちおかでら》の別名をもつ太秦《うずまさ》の広隆寺《こうりゅうじ》である（京都市右京区太秦蜂岡町）。寺伝では推古天皇十一年（六〇三）創建とされ、京都最古の寺院ともいわれており、『上宮聖徳法王帝説《じょうぐうしょうとくほうおうていせつ》』では太子建立七カ寺の一つになっている。国宝の二つの弥勒《みろく》像、宝冠弥勒菩薩半伽思惟《ぼさつはんかしい》像と宝髻《ほうけい》弥勒菩薩半伽思惟像（泣き弥勒）を蔵することでも有名だ。

もっとも、『聖徳太子伝暦』が成立した頃にはすでに平安京は存在していたわけで、太子の予言は、太子と平安京を結びつけるためにあとからつくられた伝説にすぎない。当然、楓野別宮が実在したかどうかも定かではない。

しかし、河勝を長とした秦氏が平安遷都以前から葛野を本拠としていたのは歴史的事実であり、楓野別宮の後身とされる広隆寺が太子と河勝の関わりのもとに創建されたのも、ほぼ間違いのないところである。

というのも、広隆寺の草創は、断片的ながら、『日本書紀』にも見出すことができるからである。

推古天皇十一年十一月一日条には、次のように書かれている。

「聖徳太子が『私は尊い仏像を持っている。誰かこの像を引き取って礼拝する者はいないか』と言うと、秦河勝が進み出て、『私が礼拝いたしましょう』と言って仏像を受け取った。よって蜂岡寺を造った」

また、太子没後の同三十一年七月条には、新羅と任那《みまな》の使者がもたらした仏像が「葛野の秦寺《はたでら》」に安置された、と記されている。

「葛野の秦寺」（以下「秦寺」）が広隆寺のことを指すのか否かについてはいろいろと議論があるようだが、ここではひとまず秦寺＝蜂岡寺＝広隆寺と解して話をすすめる。

さて『日本書紀』にもとづけば、太子ゆかりの仏像を安置する広隆寺は推古天皇十一年以後に建立がはじまり、遅くとも同三十一年には寺観を整えていたことになる。

一方、承和《じょうわ》三年（八三六）の奥書をもつ『広隆寺縁起』は、河勝が仏像を授けられたのは推古天皇十一年だが、広隆寺が建立されたのは同三十年だとしている。ここからは、仏像は当初、河勝が私蔵していたが、聖徳太子の死をへて、太子の菩提《ぼだい》を弔うためにその仏像を本尊とする一寺を創建した、という流れを想定することができる。

広隆寺は当初、二つあった？

しかし、広隆寺の草創はどうやらそう単純なものではなかったらしい。寺地の転変があったからである。

『広隆寺縁起』には、じつは「創建当初の寺地が狭くなったので、のちに移転した」とも書かれている。ただし、移転時期がいつかは明記されていない。

移転先が太秦すなわち現広隆寺の地（京都市右京区太秦蜂岡町）であることは明らかである。旧寺地についてはいくつか説があるが、北区北野上白梅町の北野廃寺跡とする説が現在では有力となっている。北野天満宮のそばで、現広隆寺からは北東に三キロ弱。寺跡からは飛鳥時代の軒丸瓦《のきまるがわら》が出土している。

したがって、ごく単純に考えれば、広隆寺はまず飛鳥時代の七世紀前半に北野に創建され、のちに太秦に移ったということになる。

ところが、やっかいな問題がある。太秦の現広隆寺の境内からも七世紀前半にさかのぼる軒丸瓦が出土しているからである。

そのため、二つの寺院はともに七世紀前半に創建されて併存していたが、最終的に一つに統合されたのではないか——という見方が出されている。そして、『日本書紀』が用いる「蜂岡寺」と「秦寺」という二つの寺号は、このことを傍証するという。

たとえば、美術史研究者の林南壽氏は、『広隆寺史の研究』のなかで、おおよそつぎのように考証している。

「『日本書紀』に登場する蜂岡寺と秦寺は、たしかに広隆寺のルーツに位置づけられる寺院だが、別個の寺院である。

最初に造られたのは蜂岡寺で、推古天皇十一年に河勝が太子から授けられた仏像を北野にあった住宅式仏堂に安置したのが濫觴《らんしょう》であった。その仏堂は法隆寺が被災した天智《てんじ》天皇九年（六七〇）ごろに本格的な伽藍をもつ寺院に整備された。これが北野廃寺である。

一方、推古天皇三十年に亡くなった太子の菩提を弔うために河勝が発願して創建したのが秦寺で、その寺地は太秦すなわち現広隆寺の地であった。

しかし八世紀末の平安遷都によって、北野の蜂岡寺は寺領地を収用されたため、同じく秦氏系の寺院である太秦の秦寺に寺籍を移し、両寺は統合される格好となった。

これが広隆寺の実質的なはじまりとなった」

説得力のある考証だが、これとはまったく逆に、太秦にあったのが蜂岡寺、北野にあったのが秦寺と考える説もあって、ややこしい。

しかし、いずれにしろ蜂岡寺と秦寺が――別個の寺院であれ、一つの同じ寺院であれ――、秦氏の太子への敬慕を土台として創建された古寺であることはたしかである。

謎を秘めた二つの弥勒像

広隆寺の二つの弥勒像の由来についても謎がある。

現広隆寺の霊宝殿には、宝冠弥勒菩薩半伽思惟像と宝髻弥勒菩薩半伽思惟像という、似たような姿をした二体の美しい木造弥勒像が安置されている。

前者はドイツの哲学者カール・ヤスパースが激賞したことで知られる。飛鳥時代の作とされているが、注目すべきはアカマツ材の一木造《いちぼくづく》りであることだ。飛鳥・白鳳《はくほう》時代の日本の仏像はほとんどクスノキでつくられているので、この宝冠弥勒像はおそらく朝鮮半島で制作されて渡来したのだろうとみられている。

後者の宝髻弥勒像は、通称を「泣き弥勒」という。目元に泣きべそをかいたような表情がみられるからだろう。こちらも飛鳥時代の作とされているが、朝鮮半島には自生しないクスノキでつくられているので、日本で制作されたものと考えられている。

この二体は現在は木地があらわとなっているが、当初は金箔が塗られていたらしい。寛平《かんぴょう》元年（八八九）以降の作成とされる『広隆寺資財交替実録帳《しざいこうたい》』によれば、金堂には二軀の「金色弥勒菩薩像」が安置されていると書かれているからだ。また、そのうちの一体は聖徳太子ゆかりの像だという。現在の宝冠弥勒像は木目があらわとなっていて質朴な印象を与えるが、かつては金色の光を放っていたのだ。

さて、この二体の弥勒像はいつ広隆寺に安置されたのだろうか。あるいはまた、それぞれは蜂岡寺と秦寺のどちらに安置されたのだろうか。

『日本書紀』には、推古天皇十一年に太子から河勝に授けられて蜂岡寺の本尊となった仏像と、同三十一年に新羅・任那からもたされて秦寺に安置された仏像のことが言及されている。したがって、現広隆寺の二像がこれらに該当すると考えることができるが、どちらがどれにあたるのかという問題についてはいろいろと議論があり、容易には断定しがたい。

そしてその結論次第で、どちらかが蜂岡の本尊で、もう一方が秦寺の本尊だった、ということになるわけだ。宝冠弥勒は朝鮮からの渡来仏の可能性が高いので、こちらが推古天皇三十一年の秦寺の渡来仏にあたるのではないかと考えたくなるが、推古天皇十一年に太子が河勝に授けた蜂岡寺の仏像が渡来仏ではなかったとも言い切れないので、これまた断定は難しい。

また、『日本書紀』の推古天皇二十四年条には「新羅の使者が仏像を貢上した」という記事があるが、これに関連しているのか、『聖徳太子伝暦』には「推古天皇二十四年に新羅から仏像が献じられて広隆寺に安置されたが、その像は時折光を放って怪異をあらわした」という記載がある。広隆寺の史料には、弥勒像二体のうち一体をこの推古天皇二十四年の新羅仏にあてるものもある（『広隆寺来由記』）。

ちなみに、河勝が率いた秦氏は新羅系の渡来氏族といわれているので、秦氏が新羅仏に特別に興味を示したとしても不思議はない。

弥勒像は聖徳太子の化身

結局、謎は膨らむばかりだが、ポイントは太子ゆかりの広隆寺に「弥勒像」が大切に守られてきたことだろう。

六〜七世紀には朝鮮とくに新羅では弥勒信仰が盛行していた。一説では新羅系渡来氏族とされる秦氏の氏寺《うじでら》でもある広隆寺が弥勒像を本尊に据えたことは、まずこのことが大きく関係しているのかもしれない。加えて、未来仏・救世仏としての弥勒の姿がいつしか創建に関わった聖徳太子の姿と重ね合わされ、太子が弥勒の化身として仰がれるようになったのだろう。聖徳太子自身も弥勒信仰を抱いていたのかもしれない。つまり、広隆寺の弥勒像は、聖徳太子像でもあるのだ。

広隆寺は度々火災に遭っているので、現在の建物は再建物ばかりだが、太子信仰は今もしっかりと息づいている。本堂にあたる上宮王院《じょうぐうおういん》太子堂には、衣冠束帯姿の聖徳太子像――太子が蜂岡を訪れた三十三歳時の姿を模したものだという――が本尊として祀られている。そしてその装束はただのものではない。歴代天皇が即位礼で召した黄櫨《こうろ》染《ぜん》御袍《のごほう》をまとうのがしきたりとなっていて、皇室における太子への景仰をあかししている（なお、令和二年末現在でまとっているのは、上皇陛下がかつて即位礼でお召しになったのちに贈進された御袍だという）。

境内の西側奥に建つ桂宮院《けいきゅういん》本堂は楓野別宮の跡と伝承され、現在の建物は鎌倉時代のものだが、法隆寺の夢殿《ゆめどの》と同じく八角円堂である。

叡福寺
――「三骨一廟」を守る太子信仰のもうひとつの聖地

磯長に葬られた聖徳太子

推古《すいこ》天皇三十年（六二二）二月二十二日、聖徳太子は四十九歳で薨去《こうきょ》した。

終焉の地は、『日本書紀』では斑鳩宮《いかるがのみや》となっているが、法隆寺の伝承では斑鳩宮南東の飽波葦墻宮《あくなみあしがきのみや》となっている。天平《てんぴょう》十九年（七四七）成立とされる『大安寺伽藍縁起并流記資財帳《だいあんじがらんえんぎならびにるきしざいちょう》』に、田村皇子《たむらのみこ》（のちの舒明《じょめい》天皇）が飽波葦墻宮で病床にあった晩年の太子のもとに見舞いに出かけたと記されているからである。もっとも、飽波葦墻宮も斑鳩に所在するので、広い意味では斑鳩宮に含まれるのかもしれない。

太子の死は多くの人に悼まれ、『日本書紀』によれば、その遺骸は丁重に河内《かわち》まで運ばれ、磯長陵《しながのみささぎ》に葬られた。「陵」というのは本来、天皇・皇后の墓に対してしか

磯長墓拝所　太子墓とされる叡福寺北古墳は円形で、墳丘は3段築成（大阪府南河内郡太子町）

用いられない語だが、この点においても太子は別格だった。

その磯長陵は大阪府南河内郡太子町にある叡福寺《えいふくじ》北古墳とされている。丘陵の南斜面に築造された円墳で、石室への入り口部分は木造の霊屋《たまや》に覆われ、全体の周囲には結界石と呼ばれる二重の石柵列がめぐらされ、現在は宮内庁が「聖徳太子磯長墓《しながのはか》」として管理している。奈良県側から竹内街道を通って二上山《ふたかみやま》を越え、河内に入ってしばらく進んだ先の、磯長谷の一角である。

そして、太子墓の南側に墓守のごとく建っているのが叡福寺である。

寺伝によれば、推古天皇が太子の墓を

守護するために坊舎を置いたことにはじまるとされ、神亀《じんき》元年（七二四）、聖武《しょうむ》天皇の勅願によって広大な伽藍が建立されたという。

太子墓から出現した「太子御記文」

その叡福寺が一躍脚光を浴びるようになったのは、平安時代なかばの天喜《てんぎ》二年（一〇五四）のことである。

この年、太子墓の近くに石塔を立てるために整地をしていたところ、地中から身と蓋からなる筥石《はこいし》が掘り出された。開けてみると、石に文章が刻まれていた。それは太子みずからが記したとされる「太子御記文《ごきもん》」で、ただちに四天王寺《してんのうじ》に報告された。

「太子御記文」の内容は鎌倉時代初期に編まれた説話集『古事談』第五に記載されているが、そこには「吾（太子）の入滅から四百三十余年後にこの記文が出現する。そのとき、国王・大臣は寺塔を建て、仏法を願い求めよ」といった、予言的なことが書かれていた。寛弘《かんこう》四年（一〇〇七）に出現した『四天王寺御手印縁起《ごしゅいんえんぎ》』の系譜に続く、「太子未来記」のひとつであった。

叡福寺には天喜二年に太子墓近辺から出土した「太子御記文」の残欠と伝承される

文字の刻された石が残されている。

もちろん太子作というのはありえず、太子信仰称揚のために偽作されたものと考えられるが、御記文の出現は太子廟としての叡福寺の隆盛の契機となった。やがて、四天王寺に加えて叡福寺を参詣し、御記文を拝見することが太子信者の定番の巡拝コースとなったのである。

鎌倉時代に出現した謎の「廟窟偈」

鎌倉時代には、「御記文」とは別に、「廟窟偈《びょうくつげ》」（「聖徳太子廟中二十句碑文」「松子《しょうし》伝」などともいう）と呼ばれる石文が出現した。それは太子墓（廟窟）内の石面に太子みずからが書き残したと伝えられるもので、「松子」なる人物が書写して流布させたといわれ、『聖徳太子伝私記』『上宮太子拾遺記《じょうぐうたいししゅうい き》』などの鎌倉時代の文献に偈文《げもん》が引用されている。

その内容はというと、「方便として日本に生まれ、正しい仏法を興した」と告白する太子が、母（穴穂部間人皇女《あなほべのはしひとのひめみこ》）と自分、太子妃（菩岐々美郎女《ほききみのいらつめ》）の三人を阿弥陀如《あみだにょ》来《らい》・観音菩薩《かんのんぼさつ》（救世観音《くせ》）・勢至菩薩《せいし》の阿弥陀三尊に擬し、三人を合葬する磯長墓

（三骨一廟《さんこついちびょう》）にひとたび参詣した者は必ず極楽浄土に往生できると説く。

平安中期以降の浄土信仰の隆盛の影響を受けて、太子作に仮託して偽作されたものであることは明らかで、墓内に石碑があるというのも信じ難いが、中世には太子自記のテキストと信じられ、叡福寺興隆に大きく貢献した。叡福寺に参籠した浄土真宗の開祖・親鸞《しんらん》はこの偈文を読んで感激し、みずから抄写している。

江戸時代の享保《きょうほう》十五年（一七三〇）には、「廟窟偈」を改めて刻し直した石碑が太子墓の横手に建立され、石碑そのものが信仰の対象となって参詣者を集めた。この石碑は今も同じ場所に建っている。

太子母、太子妃も合葬された「三骨一廟」

ところで、すでにお気づきの読者もいるかもしれないが、「廟窟偈」は磯長の太子墓を特徴づける重要なことに言及している。それは「墓には太子だけでなく、その母と妃も一緒に葬られている」という説明で、三人の遺骨が一緒に納められているという意味であり、これを「三骨一廟」と言い、阿弥陀三尊の姿になぞらえられる。

すでに何度か記したが、「法隆寺金堂釈迦三尊像光背銘《こんどうしゃかさんぞんぞうこうはいめい》」などによれば、太子の母・穴穂部間人皇女は推古天皇二十九年（六二一）十二月に没し、翌年二月二十一日に妃・菩岐々美郎女が没し、その翌日に太子が亡くなっている。三カ月ほどのあいだに身内の人間が相次いで亡くなっているわけなので、強いきずなで結ばれていたこの三者が一カ所に合葬されたというのはそれなりに合理性がある。

実際、古くから太子墓には三人が合葬されていると伝えられ、叡福寺側もその立場をとっている。そして、明治十二年（一八七九）に宮内省によって行われた調査によれば、横穴式石室内には三基の棺が確認されたという。

だが、不可解な点もある。

『日本書紀』には磯長陵に太子を葬ったことは記しているが、母や妃の葬送については触れていない。平安時代に作成された陵墓記録である『延喜式《えんぎしき》』「諸陵寮」も、太子の墓として「磯長墓」を挙げるが、合葬のことは書かれていない。

平安時代前期の『聖徳太子伝暦《りゃく》』になると、太子と妃の二人が合葬されたというくだりが出てくるが、穴穂部間人皇女の埋葬については言及がない。

結局、太子墓が三骨一廟になっているという話は、文献上では、鎌倉時代が初出なのである。太子の死からおよそ六百年後になってはじめてあらわれる話なのだ。ちなみに、現在、宮内庁は磯長墓を太子墓と治定するが、穴穂部間人皇女・菩岐々美郎女の陵墓とはしていない（宮内庁書陵部『陵墓要覧　第六版』二〇一二年刊）。

そもそも、寺伝では叡福寺は奈良時代には伽藍《がらん》が整っていたことになっているが、よく考えてみればそれも疑わしい。例の「太子御記文」が「（磯長の里に）寺塔を建てよ」と記していることからすると、これが出現した平安時代なかばの天喜二年（一〇五四）の時点では、太子墓の前にはまだ寺院が存在していなかった、とも考えられるからだ。

つまり、叡福寺の実質的な創建は「太子御記文」が出現した時期に求められるのではないだろうか。

ちなみに、叡福寺という寺号は文献では十五世紀ごろから見えるもので、当初は太子墓、太子廟、あるいは御廟寺などと呼ばれていたらしい。また、叡福寺を「上《かみ》の太子」と称することがあるが、これは、太子建立と伝わる河内の古寺で太子信仰の霊場として栄えた、中の太子＝野中寺《やちゅうじ》（大阪府羽曳野《はびきの》市野々上《ののうえ》）、下《しも》の太子＝大聖勝軍《だいしょうしょうぐん》寺《じ》（大阪府八尾《やお》市太子堂）に対する通称である。

叡福寺　空海、良忍、親鸞、日蓮、一遍など名だたる開祖たちが参籠したことで知られる（大阪府南河内郡太子町）

一時は行方不明になっていた太子墓

こうなると、叡福寺の南側にある「太子墓」はほんとうに聖徳太子の墓なのか、という疑念も湧いてくる。実際、この疑念を肯定する説もある。

なぜなら、太子墓は長らく「行方不明」となっていた時期があるからだ。四天王寺に関する記事を集めた『天王寺事』（宮内庁書陵部蔵）という鎌倉時代の文献には、「太子墓の場所は以前から探しているが、今なおわからない」と書く治安《じあん》四年（一〇二四）の記録が引用されている（小野一之「〈聖徳太子の墓〉誕生」、大山誠一編『聖徳太子の真実』所収）。となると、天喜二年（一〇五四）の「太子御記文」発見の三十年前の時点では、太子墓はその正確な場所が把握されていなかったことになる。

磯長の谷には「太子墓」以外にも古墳がいくつも点在し、古墳群を形成している。そしてそのなかには現在、飛鳥時代の天皇・皇族の陵墓に比定されているものも少なくない。磯長谷が「王陵の谷」とも呼ばれる所以である。

おもだった古墳を被葬者の没年順に並べると、敏達天皇陵に治定されている太子西山古墳、用明《ようめい》天皇陵に治定されている春日向山《むかいやま》古墳、推古天皇陵に治定されている山田高塚古墳、孝徳《こうとく》天皇陵に治定されている山田上《うえ》ノ山《やま》古墳となる。

したがって、これらをはじめとする磯長の古墳の中に太子の本当の墓がまぎれている可能性も否定できないのだ。

だが、平安時代なかばから中世、近世にかけて、叡福寺はたしかに太子廟と同一視され、法隆寺、四天王寺とならぶ太子信仰の霊場としていちじるしい繁栄をみた。

大正十年（一九二一）には、四月八日からおよそ半月にわたり「聖徳太子千三百年御遠忌《ごおんき》法要」が大々的に挙行されたが、このときは期間中に二十万人を超す参詣者が訪れたという。

太子西山古墳（敏達天皇陵）　墳形は前方後円形で、墳丘は2段築成（大阪府南河内郡太子町）

春日向山古墳（用明天皇陵）　墳形は方形で、墳丘は3段築成と推測される（大阪府南河内郡太子町）

山田高塚古墳（推古天皇陵）　墳丘は3段築成で、横穴式石室2基が東西に並んでいたと推測される（大阪府南河内郡太子町）

コラム❸

太子と善光寺如来の書簡

法隆寺には、長野県の名刹・善光寺《ぜんこうじ》の本尊である阿弥陀如来《あみだにょらい》（善光寺如来）が聖徳太子に送った「手紙」（御書《ごしょ》）が古くから秘蔵されている。

善光寺如来といえば、インド・中国・百済《くだら》をへて六世紀に日本にもたらされた三国伝来の仏像として有名で、古来、信仰を集めているが、絶対秘仏なのでその像容を直接拝することは何人たりともできないことでも知られている。

法隆寺の伝承によると、太子は三十九歳のとき、亡父・用明《ようめい》天皇の菩提《ぼだい》のために懇ろに念仏行を修した。このとき、太子はその功徳《くどく》が亡父に通じたかどうかを知りたくなり、蘇《そ》我馬子《がのうまこ》、小野妹子《おののいもこ》などを使者として善光寺如来のもとに書状を三度、送った。するとそのつど如来から返書があり、使者を介して太子に献上された。如来の御書を読んだ太子は、それを綱封蔵《こうふうぞう》（重宝を納める法隆寺の倉）に納めたという。

その御書は、「善光寺如来御書箱」と呼ばれる特別な箱の中に納められている。この箱は最外・外・中・内からなる四重箱で、外二重は元禄《げんろく》七年（一六九四）に江戸幕府五代将軍・徳川綱吉《つなよし》の生母・桂昌院《けいしょういん》が寄進したもの、内二重は慶長《けいちょう》十一年（一六〇六）ごろ

善光寺　信濃国司のお供として上洛した本田善光が阿弥陀如来像を拾い、信濃に奉安したのが始まりとされる（長野県長野市）

に新造されたものだという。

そして内箱の中は幾重にも錦袋で覆われていて、さらにその中に蜀江錦《しょっこうきん》（法隆寺伝世の古様の赤地錦）を貼りつけた小箱がある。善光寺如来からの「手紙」はこの小箱の中にあるといわれているのだが、法隆寺では御書を見てはならないという掟があり、小箱を開けることはできない。

だが、御書の内容は、鎌倉時代の『聖徳太子伝私記』や南北朝時代の『聖徳太子伝秘抄』などにくわしく記されている。

『聖徳太子伝私記』によると、善光寺如来からの返書のひとつには「善哉《ぜんざい》善哉、大薩埵《だいさった》、善哉善哉、大安楽、善哉善哉、魔訶衍《まかえん》、善哉善哉、大智恵……」と書かれているのだと

聖徳太子碑　「聖徳皇太子」と刻まれた大きな石碑（善光寺）

いう。「あなたの供養は大いに功徳があった、安心しなさい」というようなメッセージだろう。

　しかし、太子と善光寺如来の往復書簡に関する言及は『聖徳太子伝私記』が初出である。そのため、同書を著した法隆寺僧の顕真《けんしん》が、太子信仰と善光寺信仰を融合して法隆寺を宣揚することをねらい、御書を偽作したのだろうとみるのが一般的だ。

　昭和六十年（一九八五）に行われた法隆寺の資財調査では、蜀江錦に覆われた小箱がレントゲン写真に撮られたそうだが、そこには文書らしい巻状のものが三通、写っていたという（高田良信『法隆寺の謎と秘話』）。

聖徳太子伝説の謎

第4章

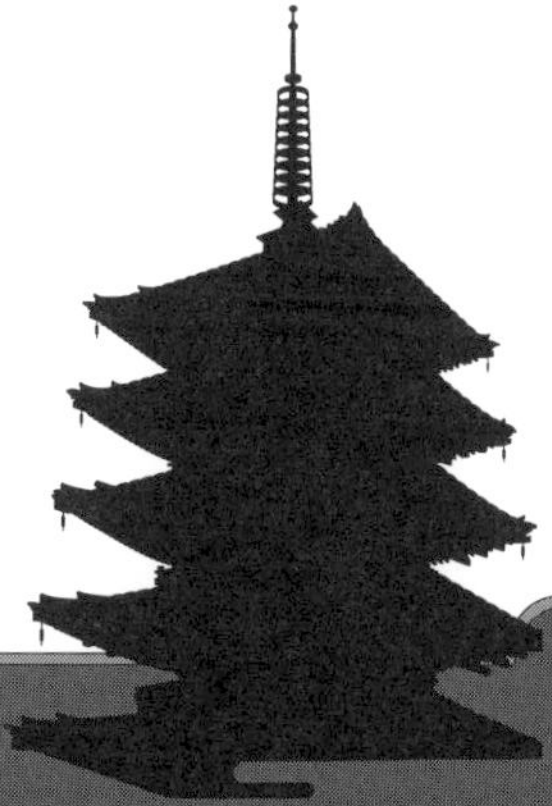

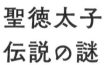

聖徳太子は黒駒に乗って富士山へ翔けた

——太子伝説を集大成した『聖徳太子伝暦』

平安時代中期に成立した『聖徳太子伝暦』

前章までの記述でおわかりかと思うが、聖徳太子の生涯は死後まもなく伝説化がはじまり、一つひとつの事績に尾ひれがつき、話が盛られ、あるいは新たな説話が加えられていった。そしてドラマチックな聖徳太子伝がつぎつぎに編まれ、広まっていった。

そうした太子伝のなかの決定版ともいうべきものが、これまでにも度々言及した『聖徳太子伝暦《りゃく》』（全二巻）である。

古くから「平氏《へいし》伝」とも呼びならわされ、平安時代の正暦《しょうりゃく》年間（九九〇〜九九五年）に平基親《たいらのもとちか》という人物が著したとする伝承があった。しかし、大正時代、東京帝国大学図書館所蔵の『太子伝傍注』（のちに関東大震災で焼失）に記された「古本奥書」にもとづき、平安朝の歌人・藤原兼輔《かねすけ》が延喜《えんぎ》十七年（九一七）に撰したものが原本であるとする説が唱えられ、一時はこれが有力となった。

　ところが、「古本奥書」以外にこの説を傍証するものが見当たらないため、その後次第に批判が加えられるようになる。その結果、現在では著者は不明、十世紀後半（平安時代中期）までの成立、とみるのが一般的となっている。

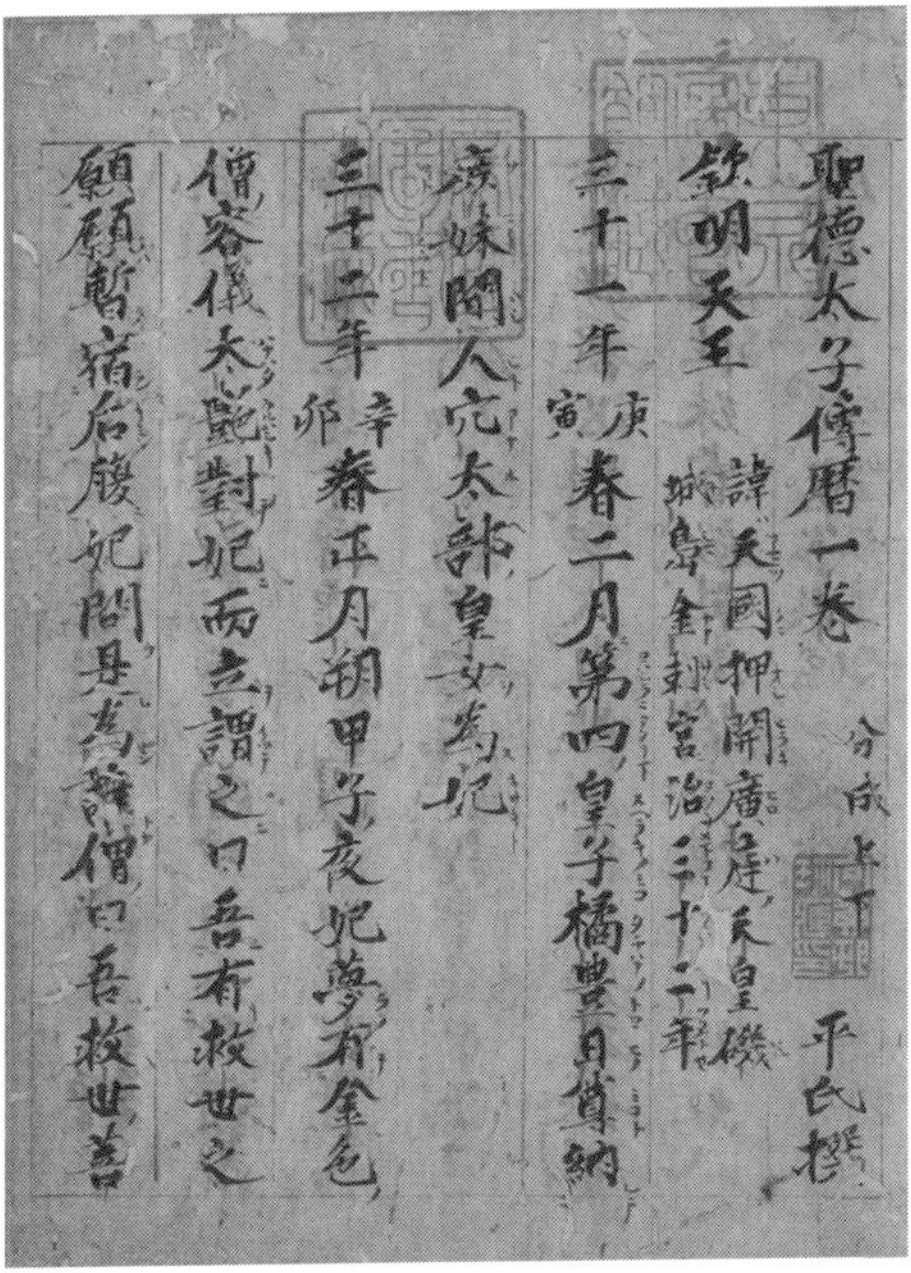
聖徳太子傳暦一巻　分成上下　平氏撰
欽明天皇　諱天國押開廣庭天皇磯城嶋金刺宮治三十二年
三十一年庚寅春二月第四皇子橘豊日尊納
庶妹間人穴太部皇女為妃
三十二年辛卯春正月朔甲子夜妃夢有金色
僧容儀太艶對妃而立謂之曰吾有救世之
願願暫宿后腹妃問是為誰僧曰吾救世菩

『聖徳太子伝暦』　鎌倉時代以後に現れた多くの太子伝は主としてこの書による（国立国会図書館）

　その内容は、欽明《きんめい》天皇三十一年（五七〇）の父・用明《ようめい》天皇と母・穴穂部間人皇女《あなほべのはしひとのひめみこ》の結婚から大化元年《たいかがんねん》（六四五）の蘇我《そが》氏本宗家《ほんそうけ》滅亡までの太子に関わる出来事を編年体で記述したもので、『日本書紀』の太子関係記事を柱として、『上宮《じょうぐう》聖徳太子伝補闕記《ほけつき》』や現在は散逸したさまざまな太子伝など、先行する史料を集大成して編まれたものと考えられている。史実と伝説を織り交ぜたものだが、太子の伝記の正統として広く受け入れられ、太子に関する基本史料となり、江戸時代そして明治時代なかばにいたるまで太子信仰・太子研究に決定的な影響力をもった。

前世で所持していた中国の「法華経」を感得する

そんな『聖徳太子伝暦』に書かれた、『日本書紀』にはまったく見られず、およそ史実とはかけ離れた、現代人の目からすれば明らかに後世の創作とわかる太子伝説には、たとえばどんなものがあるだろうか。

まずは、輪廻転生譚《りんねてんしょうたん》もからんだ「法華経《ほけきょう》」伝説を紹介しよう。

〈推古《すいこ》天皇四年（五九六）、聖徳太子は仏法の師である高句麗《こうくり》出身の僧・慧慈《えじ》にこんなことを述べた。

「今手元にある『法華経』には、字が抜け落ちているところがあります。私が前世に隋《ずい》の衡山《こうざん》（南岳《なんがく》）で修行していたときに所持していた『法華経』には、確かにその字がありました」

慧慈は大いに不思議に思い、合掌礼拝した。

話は飛んで同十五年、太子は天皇にこう願い出た。

「前世の私が隋で修行していたときに持っていた『法華経』が今も衡山にあります。ぜひとも使者を遣わしてそのお経を日本に将来し、現行の『法華経』と引き合わせて、文字の誤りを正したいと願っています」

天皇はこれを許可し、小野妹子《おののいもこ》らの遣隋使《けんずいし》が派遣された。

隋に渡った小野妹子は、太子の指示にしたがって衡山の般若台《はんにゃだい》に登った。そして前世の太子――「念禅《ねんぜん》」という名だったという――の修行仲間だった三人の老僧に迎えられ、念禅が所持していたというくだんの「法華経」を受け取ることができた。翌年、妹子は帰朝し、その「法華経」を太子に渡した。

ところが、妹子が持ち帰った「法華経」は、じつは念禅のものではなく、念禅の弟子のものであった。般若台の老僧が間違えたのである。

そこで太子が斑鳩宮の夢殿に入って深い瞑想に入ると、前世に所持していた「法華経」が見事に感得され、机の上に現れた。その感得された「法華経」には、たしかに現行の「法華経」にも、妹子が将来した「法華経」にも抜けていた文字が記されていた——。〉

「法華経」を講説し、「法華経義疏《ほけきょうぎしょ》（法華義疏）」を著したとされる聖徳太子に対する賛仰がもとになって編み出された伝説といえよう。

現在は東京国立博物館が所蔵する国宝「細字《さいじ》法華経」（一巻）は、『法隆寺東院資財帳』によれば天平《てんぴょう》九年（七三七）に光明《こうみょう》皇后によって法隆寺に寄進されたものらしく、明治時代までは法隆寺で相伝されていた。奥書から中国・唐《とう》において長寿三年＝六九四年に書写されたものであることは明らかだが、法隆寺では、これこそが妹子が将来した「法華経」に他ならないと伝えている。

甲斐の黒駒に乗って富士山に飛ぶ

つぎは黒駒伝説である。

〈推古天皇六年四月、太子は左右の者に命じて善馬を探させた。

するど諸国から数百匹の馬が献じられてきたが、甲斐《かい》国からは四本の脚だけが白い一頭の黒駒《くろこま》（烏駒）が献じられた。太子はこの馬を見ると「これは神馬である」と言い、他の馬はすべてもとの国に返させ、舎人《とねり》の調子麿《ちょうしまろ》に黒駒の飼育を命じて預けた。九月に太子が試しに黒駒に乗ると、馬は浮雲のように空を駆けあがり、東に走り去

黒駒太子像　古代甲斐は良馬の産地であり、中央へ駿馬が貢上されていた（山梨県立博物館）

った。麿も馬に付き従って雲の中に入っていった。

三日後、太子が轡《くつわ》をまわして帰って来て、こう語った。

「私はこの馬に乗って雲を踏み、霧をしのいで、真っ直ぐに富士山の頂上に飛んだ。それから信濃《しなの》まで飛んだが、その姿はまるで雷電のようだった。さらに越前《えちぜん》・越中《えっちゅう》・越後《えちご》の三越をまわって、今こうして帰ってくることができた」

そして付き従った麿を「まことの忠士」だとほめたたえた。〉

『日本書紀』には雄略《ゆうりゃく》朝に「甲斐の黒駒」が活躍する挿話があるが、甲斐は古くから駿馬の産地として知られていたようで、平安時代には官馬を飼育する御牧《みまき》が甲斐にもうけられていた。その黒駒と太子の愛馬が付会され、さらに黒駒の故国にそびえる霊峰富士山とも結びつけられて、スケールの大きい飛翔伝説が醸成されたのだろうか。「厩戸皇子《うまやとのみこ》」という馬にちなんだ実名も、太子と黒駒にまつわる説話の生成に寄与したのかもしれない。

ちなみに、成立年は未詳ながら、『聖徳太子伝暦』に先行して成立したと推測される太子伝『上宮聖徳太子伝補闕記』にもすでに黒駒伝説は記されているが、ここでは馬の毛色は「烏斑」と表現されている。

平安時代後期からは、『聖徳太子伝暦』を基礎として「聖徳太子絵伝」が盛んに描かれるようになるが、太子が黒駒に乗って富士山に飛翔する場面は絵伝の見せどころとして大きく描かれ、太子黒駒伝説は広く人口に膾炙《かいしゃ》した。

さらに『聖徳太子伝暦』は、亡くなった太子の葬送に黒駒が付き従い、墓まで来ると、いなないて一躍したのちたおれて亡くなった、とも記している。黒駒の屍は斑鳩《いかるが》へ持ち帰られ、中宮寺《ちゅうぐうじ》の南の墓に埋められたという。

中宮寺の創建地と推測されている中宮寺史跡公園から南へ歩いて数分も行くと、国道沿いに古墳らしき土盛りがみえるが、それは黒駒の墓（駒塚）と伝えられている。

駒塚（駒塚古墳）　墳形は前方後円形で、墳丘は２段築成（奈良県生駒郡斑鳩町）

聖徳太子は中国の高僧の生まれ変わりだった
――太子信仰を支えた太子慧思後身伝説

太子の前世とされた天台二祖の慧思

前項では、聖徳太子の前世は中国・隋《ずい》の衡山《こうざん》（南岳《なんがく》）で「法華経《ほけきょう》」を学ぶ僧侶だった――という『聖徳太子伝暦《りゃく》』の説話を紹介した。じつは、本文にははっきり書かれていないが、『聖徳太子伝暦』においては、その衡山の僧（念禅）の正体は中国天台宗の第二祖と仰がれる慧思《えし》だった、という前提になっている。

というのも、聖徳太子を慧思の生まれ変わりとする説は、すでに奈良時代から説かれていたからだ。太子を慧思の転生《てんしょう》とする説は平安時代にはかなり広まっていたのである。そしてこの転生説は、太子信仰の発展に絶大な影響を与えることにもなった。

改めて説明すると、慧思は天台宗の創始者である天台大師智顗《ちぎ》の師である。五一五年に河南省《かなん》武津《ぶしん》に生まれ、出家したのち、北斉《ほくせい》の慧文《えもん》禅師に就いて「法華経」の妙理を体得し、晩年には湖南省の衡山（南岳）にこもった。そのため南岳禅師、南岳慧思禅師などとも呼ばれる。五七七年に没した。慧思の名は、現代の日本人には疎いものかもしれないが、天台宗の歴史ではビッグネームである。

聖徳太子慧思後身説に言及する現存文献のなかで、最初期に位置するのは、延暦《えんりゃく》七年（七八八）の成立とされる『上宮《じょうぐう》皇太子菩薩《ぼさつ》伝』である。

慧思大師　天台宗の実質的な創始者で、日本における仏教興隆の源頭に位置づけられる

正確にいうと、この書は『延暦僧録』という仏教者の伝記集に所収されている一編である。『延暦僧録』は、鑑真《がんじん》にしたがって天《てん》平勝宝《ぴょうしょうほう》六年（七五四）に日本に渡来した唐《とう》僧・思託《したく》が著したもので、全五巻から成り、鑑真や聖武《しょうむ》天皇、

藤原不比等《ふひと》らの小伝が配された。だが原本は散逸し、諸書に引用されるかたちで逸文が残るのみである。幸い『上宮皇太子菩薩伝』は伝存し、一巻の書としても流布し、簡略な内容ではあるが、独立した太子伝として読まれた。ただし、現存本は完全なものではなく、省略があるとみられている。

もっともその内容をみると、太子伝とはいいながら、前半は慧思の略伝になっている。そしてそれに続けて、「思禅師（慧思のこと）、後に日本国　橘　豊日《たちばなのとよひ》天皇宮（用明《ようめい》天皇の宮殿）に生まれ、人を度して出家せしむ」と、慧思が太子に転生したことを説く。さらに、人びとを仏道に導いたこと、使者を南岳に遣わして「法華経」を取りに行かせたこと、『三経義疏《さんぎょうぎしょ》』を作ったことなどが記されている。

慧思皇室転生説を記した『七代記』

太子慧思後身《ごしん》説の基本史料には、もうひとつ『七代記《しちだいき》』がある。

これも古代の太子伝のひとつで、通説では宝亀《ほうき》二年（七七一）に四天王寺《してんのうじ》僧・敬明が著したとされている。『異本上宮太子伝』『四天王寺障子《しょうじ》伝』などの別名ももつが、完本はなく、逸文が残るのみである。

『七代記』という書名は、この書中に中国・唐の文献『大唐国衡州衡山道場釈思《しゃくし》禅師七代記』が引用されていることに由来する。ややこしいが、『七代記』は『大唐国衡州衡山道場釈思禅師七代記』そのものではなく、『七代記』の中に『大唐国衡州衡山道場釈思禅師七代記』が含まれている、という関係である。

太子慧思後身説が関係してくるのは『大唐国衡州衡山道場釈思禅師七代記』の方だ。同書は慧思の七度にわたる転生を説いた伝記で、慧思は第六生を終えたあと、「倭国の王家に生まれ、百姓《ひゃくせい》を哀しみ憐れみ、三宝の棟梁《とうりょう》となった」と、書かれている。ただし、ここで留意したいのは、慧思が「倭国の王家」に転生したとはあるが、その王家の人物として具体的な名前はあげられず、聖徳太子とは特定されていない、ということである。

中国撰述とされる『大唐国衡州衡山道場釈思禅師七代記』は成立年代は不詳だが、『七代記』に引かれている『大唐国衡州衡山道場釈思禅師七代記』の末尾には「開元《かいげん》六年（七一八）に杭州《こうしゅう》で書写された」とあるので、これを信用すれば遅くとも八世紀初頭までには成立していたことになる。

そうすると、八世紀初頭には中国に「慧思が日本の皇室に転生した」という伝承が成立していたことになる。その成立年代は、前述した、太子慧思後身説を明確に記す『上宮皇太子菩薩伝』の成立をさかのぼる。すでに中国に生じていた慧思皇室転生説が遣唐使を介して日本に伝えられ、それを土台に太子慧思後身説が醸成されたのか。

鑑真も言及していた慧思転生説

太子慧思後身説は、宝亀十年（七七九）に淡海三船《おうみのみふね》が撰述した鑑真伝『唐大和上《だいわじょう》東征伝』にも言及されている。

鑑真（六八八〜七六三年）といえば、招請を受けて唐から日本への渡航を試み、五度の失敗と失明という苦難に遭いながらも天平勝宝五年（七五三）にようやく来日を果たし、戒律を講じたことで有名である。

そして『唐大和上東征伝』にはつぎのようなくだりがある。

天平十四年（七四二）、唐に留学していた日本僧の栄叡《ようえい》と普照《ふしょう》は、揚州大明寺《ようしゅうだいめいじ》の鑑真にようやくまみえたとき、こう懇請した。

「日本には昔、聖徳太子という方がいて、二百年後に聖教が日本に興るとおっしゃいました。今がまさにそのときにあたります。どうか東遊されて教化《きょうけ》してください」

野間岳から眺める坊津　天平勝宝5年（753）に唐から渡海した鑑真は坊津・秋妻屋浦に上陸（漂着）したとされる（鹿児島県南さつま市）

すると、鑑真がこう答えた。

「その昔、こう聞いたことがあります。南岳の慧思禅師が遷化の後、生を倭国の王子に託し、仏法を興隆し、衆生を済度したと」

そして日本への渡航を約するのである。

鑑真自身は聖徳太子の名を具体的に挙げているわけではないが、文脈全体からすると、鑑真がいう「倭国の王子」が聖徳太子を指していることは明らかだ。そうすると、八世紀半ば（七四二年）の中国において、慧思皇室転生説に加えて太子慧思後身説もすでに知られていた可能性が考えられる。

ただしここで注意したいのは、『唐大和上東征伝』が、淡海三船のオリジナルではなく、淡海三船が、鑑真の弟子・思託の依頼を受けて、思託の『大唐伝戒師僧名記《めいき》大和上鑑真伝』三巻（逸文のみ現存）の内容を取捨選択し、整理加筆して一巻にまとめたものとされていることだ。思託といえば、先述した『上宮皇太子菩薩伝』の著者でもある。そして、『上宮皇太子菩薩伝』が書かれたのは、『唐大和上東征伝』成立の九年後の延暦七年（七八八）だ。

このようなことから、太子慧思後身説の形成や流布には思託などの鑑真周辺の人物が関わっていたのではないか、とする見解がある。つまり、思託らが慧思皇室転生説を太子慧思後身説へと発展させる役割を果たしたのではないかということになろう。

その一方で、前項で触れた太子慧思後身伝承と深く結びついた「細字《さいじ》法華経」が、天平九年（七三七）に光明皇后によって法隆寺に寄進されているとみられることから、鑑真の来日以前にすでに太子慧思後身説は形成されていたのではないかとする説もある（東野治之《とうのはるゆき》「日唐交流と聖徳太子慧思後身説」、『大和古寺の研究』所収）。

太子慧思後身説の成立起源を明確にすることは容易ではないようだ。

太子信者の「法華経」へのこだわりが生んだ伝説

とはいえ、太子慧思後身説には根本的に無理がある。

慧思の没年は五七七年だが、聖徳太子の生年は敏達《びだつ》天皇元年（五七二）〜三年（五七四）とされているからだ。慧思の存命中にすでに太子は誕生していたわけだから、この二人に転生の関係などあろうはずがない。

だが、それでも太子の前世を慧思としなければならなかった理由とは何だったのか。

太子は「法華経」に深く帰依し、「法華経義疏」を著した。だから、その前世もきっと「法華経」の熱心な信徒であったに違いない——そう考える太子信徒にとって、「法華経」を極め、「法華経」を所依《しょえ》の経典とする天台宗の基礎をつくった慧思は太子の先駆として理想的な人物として映ったはずであった。そんな慧思の生まれ変わりが太子であるというのは、いかにも受け入れやすい説話であったはずである。

また、古代には東アジアでは西暦など用いられず、中国と日本は別々の年号を用い（飛鳥時代の日本は年号をほとんど用いなかったが、天皇名が年号代わりになった）、かつそれぞれ頻繁に改められていたので、相互の照応が把握しにくく、慧思の没年が太子の生年の後だという矛盾に気づく日本人は滅多にいなかっただろう。

まして、慧思をめぐって、「遷化《せんげ》後、東海の国の貴人の家に生まれ変わった」とい

伝教大師像　最澄は中国天台山から帰国後、四天王寺の太子殿に参詣したという（滋賀県大津市）

う伝説が中国で現実に語られていたとしたら、願ったり叶ったり、である。前項で紹介した、太子が前世で所持していた南岳の「法華経」を将来したという伝説が広まったことの背景にも、このような太子信者の「法華経」へのこだわりがあったといえる。

　太子は、前世だけでなく、来世に関する伝説も生んでいる。

　東大寺大仏建立をはじめとする仏教事業を推進し、鑑真から受戒した聖武《しょうむ》天皇（七〇一～七五六年）は、『日本霊異《りょうい》記』（八二二年頃成立）では太子の生まれ変わりとされた。摂関政治の黄金期を築いた平安時代の藤原道長《みちなが》（九六六～一〇二七年）は「法華経」を篤く信仰したが、『大鏡《おおかがみ》』や『栄花《えいが》物語』のなかでは太子の生まれ変わりとされている。仏法興隆のために太子がふたたび転生した、というのである。

また、平安時代の延暦二十三年（八〇四）に入唐して「法華経」の奥義を学び、日本天台宗の開祖となった最《さい》澄《ちょう》（七六七～八二二年）は、聖徳太子を慧思の後身と信じて深く敬慕したが、同時にみずからを「太子の玄孫」と称した。最澄は、自分が慧思、太子の系譜に連なって「法華経」の正しい教えを継ぐ者であることを自任して、天台宗を広めたのである。

藤原道長像　道長は「法華経」を篤く信仰し、京都の木幡に浄妙寺を建立している（菊池容斎『前賢故実』、国立国会図書館）

「和国の教主」と仰がれた聖徳太子
——日本の名僧たちの太子信仰

日本の名僧・高僧たちの賛仰を受けた聖徳太子

聖徳太子は出家した僧侶ではなく、あくまで在俗の仏教徒であった。

だが、日本仏教を代表する名僧たちは軒並み太子を日本仏教の祖として崇め、惜しみない賛辞を送った。これもまた、聖徳太子という人物ならではの特色といえる。

日本天台宗の祖・最澄《さいちょう》（七六七〜八二二年）がみずからを「聖徳太子の玄孫」と任じて太子を景仰したことは先に記したが、最澄のライバルでもあった日本真言宗《しんごんしゅう》の開祖・空海《くうかい》（七七四〜八三五年）も太子を賛仰し、真偽は不明だが、空海は磯長《しなが》の太子墓に参籠《さんろう》して霊告を得たという話も伝えられている。

「法華経《ほけきょう》」を最勝の経典に位置づける日蓮《にちれん》宗の開祖・日蓮（一二二二〜一二八二年）

親鸞像　流刑地の越後で立ち寄ったとされる居多神社内に立つ（新潟県上越市）

も太子墓に参籠したと伝えられ、「聖徳太子と申せし人、漢土へ使をつかはして法華経を取り寄せ参らせて、日本国に弘通《ぐずう》し給ひき」（『千日尼御前御返事《せんにちあまごぜんごへんじ》』）と書き、日本に「法華経」を広めた偉大な仏教者として太子を敬慕した。

諸国を遊行《ゆぎょう》して念仏を広めた時宗《じしゅう》の開祖・一遍《いっぺん》（一二三九〜一二八九年）は四天王寺《してんのうじ》をへて磯長の太子墓に三日間参籠し、奇瑞があったという（『一遍聖絵《ひじりえ》』）。

だが、日本仏教の並みいる高僧・名僧の中で、太子にもっとも熱いまなざしを送ったのは、浄土真宗《しんしゅう》を開いた親鸞《しんらん》（一一七三〜一二六二年）だろう。

磯長の太子墓に参籠した若き日の親鸞

親鸞は、承安《じょうあん》三年（一一七三）、下級貴族の家に生まれた。聖徳太子の死からおよそ五百五十年後、後白河《ごしらかわ》法皇と平清盛《たいらのきよもり》が権勢を競っていた時代である。九歳で出家して比叡山《ひえいざん》に上り、生涯で四度も天台座主《ざす》を務めることになる慈円《じえん》を師として天台教学を学んだ。

だが、建仁《けんにん》元年（一二〇一）、二十九歳のとき、世俗化していた官僧寺院社会に幻滅して山を下り、専修《せんじゅ》念仏の教えを貴賤に説いていた法然《ほうねん》の門をたたき、弟子となった。そして法然の教えを継承しつつ、他力信心による浄土往生の信仰を確立し、浄土真宗を開いたのである。

親鸞の伝記としては、親鸞の曾孫にあたる本願寺三世・覚如《かくにょ》が著した『親鸞聖人《しょうにん》伝絵《でんね》（御伝鈔）』がスタンダードとなってきたが、近年では、覚如の長子・存覚《ぞんかく》の作とされ、真宗高田派で重んじられてきた『親鸞聖人正明伝《しょうみょう》』が親鸞の実像に迫った文献として再評価されつつある。

その『親鸞聖人正明伝』によると、建久《けんきゅう》二年（一一九一）、比叡山で修行中だった十九歳の親鸞は、法隆寺で因明《いんみょう》（仏教論理学）を学ぶことになり、慈円の許可を得ていったん山を下りた。

法隆寺には七十日間逗留し、帰途についたが、その途次、河内《かわち》磯長の太子墓に立ち寄った。このころには太子墓を守る叡福寺《えいふくじ》は堂塔をそなえてかなり寺観を整えていたはずだ。そして太子墓は、太子、太子の母（穴穂部間人皇女《あなほべのはしひとのひめみこ》）、太子妃（菩岐々美郎女《ほききみのいらつめ》）の三人を合葬した三骨一廟《さんこついちびょう》として信仰を受けていた（207ページ参照）。

太子墓を詣でた親鸞は、三日三晩にわたる参籠に入った。参籠とは、神仏から啓示を得るために寺社の堂内に籠もり、読経や祈願をしながら夜を明かすことである。当時の太子墓の前には、参籠者用の堂舎やスペースがあったのかもしれない。ちなみに、江戸時代の場合、石室の入り口（墳墓の入り口と棺を納める玄室を結ぶ、羨道《せんどう》の入り口）の前までは参詣者は自由に行くことができたらしい（『河内名所図会』）。

すると二日目の深夜、夢幻の如く聖徳太子が石の扉を開けて廟窟《びょうくつ》から姿をあらわし、こう告げたという。

「わが三尊（阿弥陀《あみだ》・観音《かんのん》・勢至《せいし》の化身としての太子母・太子・太子妃のこと）は俗世間を教化《きょうけ》する。日本は大乗仏教に相応の地である。私の教えをよく聴け。汝の命はあと十年ばかりだが、命が終われば浄土に入る。真の菩薩《ぼさつ》をよく信ぜよ」

若き日の親鸞は、太子墓参籠によって浄土信仰を決定づける夢告《むこく》を聖徳太子から得たのである。

太子化身の観音から夢告を授かる

この参籠から十年目の正治《しょうじ》二年（一二〇〇）の暮れ、二十八歳のとき、比叡山に戻っていた親鸞は、今度は無動寺谷の大乗院での二十一日間の参籠で如意輪《にょいりん》観音の示現《じげん》に遭う。そして如意輪観音を本尊とする六角堂《ろっかくどう》での百日参籠の誓願を立てた。

京都洛中に建つ六角堂は聖徳太子の創建、本尊の如意輪観音像は太子の念持仏《ねんじぶつ》と伝えられていた。

年明けの建仁元年（一二〇一）正月十日から、親鸞は百日参籠をはじめた。ただし六角堂に籠もりっきりというものではなく、夜が明けると比叡山に戻り、夕方ふたたび山を下りて六角堂に入るという、日参を繰り返すものだった。

そして参籠をはじめてから九十五日目の四月五日の明け方、親鸞はついに決定的な夢告を得る。その夢告を発したのは救世観音、すなわち観音の化身としての聖徳太子

六角堂　寺号は頂法寺であるが、本堂が平面六角形であることから、六角堂と呼ばれる（京都市中京区）

であった。

「行者宿報《しゅくほう》にてたとひ女犯《にょぼん》すとも
われ玉女《ぎょくにょ》の身となりて犯せられむ
一生の間よく荘厳《しょうごん》して
臨終に引導して極楽に生ぜしめ
む」

（たとえ宿報によって女犯におよぶ
ことがあっても、
私が代わりになって抱かれよう。
そして一生のあいだ包み守り、
臨終では極楽に生まれさせてあげ
よう）

「女犯偈《げ》」と呼ばれるこの夢告を得た親鸞は、仮に肉食妻帯の在俗生活を送っても念仏一つで浄土往生を遂げることができるのだ——という確信を得た。進むべきは、出家だけに許された難《なん》行《ぎょう》自力の道ではなく、万人が実践できる易行《いぎょう》他力の道であった。阿弥陀仏の摂取不《せっしゅふ》捨《しゃ》のはたらきに目覚めたということだろう。そして以後、親鸞は浄土の教えを広く一般に説いていた法然に本格的に師事し、専修念仏の教えを貪欲に吸収してゆく。

さらに『正明伝』によれば、ほどなく親鸞は、「女犯偈」を実践するかのように、法然の勧めを受けて、法然に帰依《きえ》していた元摂政《せっしょう》・九条兼実《くじょうかねざね》の娘・玉日《たまひ》姫《ひめ》との結婚に踏み切るのだ。

たしかに、親鸞は太子墓での聖徳太子の夢告の通り、あれから十年後、古い命を終え、新たな生命を生き始めたのだった。

しかも、その再生の夢告を授けたのも、如意輪観音＝救世観音＝聖徳太子であった。親鸞の仏教は、太子信仰に導かれていたのである。

太子は「日本のブッダ」だった

弾圧を乗り越えながら念仏布教にはげんだ親鸞は、晩年になると、念仏の教えを民衆に平易に説くため、和讃《わさん》（仏教を賛美する和歌）を盛んに作った。そうした和讃のなかで有名なものの一つに、つぎのようなものがある。

「和国の教主《きょうしゅ》聖徳皇《しょうとくおう》
広大恩徳謝しがたし
一心に帰命《きみょう》したてまつり
奉讃《ほうさん》不退《ふたい》ならしめよ」（『正像末《しょうぞうまつ》浄土和讃』）

日本に仏教を根付かせ、また自身を専修念仏の道に導いてくれた聖徳太子をほめたたえた歌である。

仏教ではたんに「教主」といえば釈尊をさす。「和国の教主」とは、日本に生まれて正しい仏教を創始した者、というようなニュアンスだろう。つまり、聖徳太子は日本のブッダである、というわけである。

古来の日本の名僧たちにとって、聖徳太子はまさにそのような存在であった。

聖徳太子は予言者だった

――「太子未来記」をめぐる謎

つぎつぎに出現した「太子未来記」

聖徳太子が生まれながらに聡明であったことを伝える『日本書紀』は、太子の非凡な能力を列挙しているが、そのなかにつぎのような一節がある。

「兼《か》ねて未然《ゆくさきのこと》を知ろしめす」

最初の「兼ねて」は「予て」、つまり「あらかじめ」「前もって」の意である。そうすると、ここは全体として「頭のいい太子は、前もって未来のことを知っていた」というような意味にとれる。要するに、太子は予言者だったというわけである。

やがて、この一節が拡大解釈されて、聖徳太子には卓抜な予知能力がそなわっていたとする伝承が育まれるようになった。たとえば、『聖徳太子伝暦《りゃく》』をみると、聖徳太子は秦河勝《はたのかわかつ》の案内で山背国《やましろ》（京都府南部）を旅したとき、二百年後にここに都が遷されること、つまり平安京が誕生することを予言したことになっている。

平安時代後半になると、太子本人が実際に書いたとされる神秘的な予言書が出現して、世を騒がすようになった。

そのような「聖徳太子の予言書」を、「太子未来記」と呼ぶ。

第三章で触れた、寛弘《かんこう》四年（一〇〇七）に四天王寺《してんのうじ》で発見されたという『四天王寺御手印縁起《ごしゅいんえんぎ》』（182ページ参照）や、天喜《てんぎ》二年（一〇五四）に磯長《しなが》の太子墓（叡福寺《えいふくじ》）で見つかったという「太子御記文《ごきもん》」（206ページ参照）はその最初期の例で、いずれも太子が仏法の興亡を予言するような内容をもっている。

もちろん、「太子未来記」は太子に仮託して作成された偽書にすぎない。だが、十一世紀以降、『四天王寺御手印縁起』や「太子御記文」以外にも、それは頻繁に現れるようになる。

承久の乱を予言した「太子石御文」

安貞《あんてい》元年（一二二七）、磯長の太子墓のそばで、またしても謎めいた石の記文が出土した。それは瑪瑙《めのう》製で、太子の文章とされるものが刻され、「太子石御文」と称された。そして四天王寺の聖霊院《しょうりょういん》に納められると、人びとに公開された。歌人の藤原定家《ていか》は披見する機会があったらしく、日記『明月記《めいげつき》』の安貞元年四月十二日条には「太子石御文」の内容が紹介されている。

それによると、冒頭は「人王《にんのう》八十六代の時、東夷来りて、泥王国を取る。七年丁《ひのと》亥歳《い》三月閏《うるう》月に有るべし」ではじまっていた。「人王八十六代」はおそらく当時の天皇である後堀河《ごほりかわ》天皇をさし、「七年丁亥歳三月閏月」はその御代の七年目つまり安貞元年の閏三月のことと思われる。全体として、安貞元年閏三月、まさにこの文が見つかった時期に、東国で大規模な反乱が起きることを予言しているように読める。

当時は、後鳥羽《ごとば》上皇らが鎌倉幕府に屈した承久《じょうきゅう》の乱（一二二一年）の影響もあって、天皇や貴族の権威が失墜していた。そんな彼らの不安をあおる予言だった。

だが現実には、この時期にさしたる事件は起きなかった。「太子石御文」は、話題集めのために四天王寺関係者が偽作したものとみるのが妥当なところだろう。

定家も、「太子未来記」について「しきりに出現しているが、本物かどうかは疑わしい」と記して半信半疑の様子で、世間の騒ぎも四月中には収まったという。

天福《てんぷく》元年（一二三三）には今度は四天王寺で石の記文が出土したが、定家は「新しい記文が毎年のように出現している」となかば皮肉るように綴っている（『明月記』同年十一月二十二日条）。

楠木正成は四天王寺の「太子未来記」を見て再挙した

数ある「太子未来記」のなかで最も有名なのは、鎌倉幕府の崩壊から南北朝の争乱までを描いた『太平記《たいへいき》』（一三七一年頃成立）に登場するものだろう。

討幕を企てるも計画が漏れて幕府に捕らえられた後醍醐《ごだいご》天皇は、元弘《げんこう》二年（一三三二）に隠岐へ流されるが、この年の八月、後醍醐の寵臣・楠木正成《くすのきまさしげ》は四天王寺に参詣して討幕を祈願した。そして寺僧に、天皇の治世を予見しているという「太子未来記」の閲覧を乞うと、長老の寺僧が、今まで誰も見たことがないという一巻の「太子未来記」を秘蔵から取り出してきた。正成が感激して拝見すると、つぎのような一節が目に留まった。

「人王九十五代に当つて、天下一《ひとたび》乱れて主安からず。この時東魚《とうぎょ》来たつて西海を呑む。日西天に没する事三百七十余箇日、西鳥《さいちょう》来たつて東魚を湌らふ。その後海内一《かいだいいっ》に帰する事三年、獼猴《みこう》の如くなる者の天下を掠《かす》むる事五十年、大凶変じて一元《いちげん》に帰す」

「人王九十五代」とは後醍醐天皇のことであり、「東魚」は鎌倉幕府、「日西天に没する」とは後醍醐の隠岐配流を指すのだろう。

符牒《ふちょう》で綴られているような謎めいた文章だが、正成は、ここには争乱をへるも遠からずふたたび後醍醐が皇位につくことが予言されていると解し、討幕の成就を確信する。ただし、「獼猴（大猿）の如くなる者の天下を掠むる事五十年」は、南北朝分裂の予言ととれなくもない。

『太平記』は軍記物語であって、史実をそのまま記したものとは思われないが、もし正成が四天王寺の「太子未来記」を披見したことで実際に戦意を昂揚させて再挙し、討幕にまで至っていたとするならば、偽書とはいえ、太子の予言がたしかに歴史を動かしたことになるだろう。

末法《まっぽう》思想が流行した平安時代のものと違って、鎌倉時代以降の「太子未来記」は戦乱の発生を予言するものが目立つが、そこには武家政権の世相が反映されているのだろう。

「太子未来記」は近世にも新たなものが出現している。

とくに物議を醸したのは、『先代旧事本紀大成経《せんだいくじほんぎたいせいきょう》』という大部の書物に納められた未来記である。同書は延宝《えんぽう》七年（一六七九）に江戸で刊行され、聖徳太子が撰した真正の国史と喧伝されたが、じつは黄檗宗《おうばくしゅう》の僧・潮音道海《ちょうおんどうかい》らが偽作した偽書であった（偽作者については別説もある）。天照大神《あまてらすおおみかみ》の本宮を伊勢神宮ではなく伊雑宮《いざわのみや》とする記述があったことから幕府によって禁書処分を受けたが、この中には「未然本紀《みぜんほんぎ》」というタイトルの「太子未来記」があり、このことも注目されたのだった。

散逸したもの、あるいはそもそも原本が見当たらず伝承レベルにすぎないものもあったようだが、これらも含めれば、じつに膨大な数の「太子未来記」が存在したことになる。

定家の『明月記』にみられるように、それぞれの「太子未来記」は当時の人びとにとっても疑わしい代物であったようだ。だが、「ひょっとしたら、本物の予言なのかもしれない」と思わせるような魔力を、「聖徳太子」という名前は放った。その魔力の余波は、今もなおたゆたっているのかもしれない。

なぜ聖徳太子がお札の肖像になったのか

——古代からの太子像の変遷をたどる

江戸時代までは「日本仏教の祖」が太子のイメージ

現代の多くの日本人にとって、聖徳太子といえば、歴史の教科書に登場する偉人、「和を以《も》ちて貴しとなす」ではじまる憲法十七条の作成者というイメージが強いだろう。五十代以上の人なら、一万円札に描かれた肖像を思い浮かべる人も多いかもしれない。

しかし、歴史を振り返ると、それは近代以降になって定着したイメージにすぎない。

本章でこれまで見てきたように、太子の伝説化が進んだ奈良時代後半以降は、「仏教を日本に根づかせた人」「仏教の保護者」「日本仏教の祖」というのが聖徳太子に対する定番のイメージであった。そしてその状況は基本的には江戸時代まで続いたのである。

それを補強したのが、太子を救世観音《くせかんのん》の化身とし、南岳慧思《なんがくえし》の生まれ変わりとする信仰である。

さらにそこから発展して、空を飛び、未来を予知するといったたぐいの、聖人的というよりは超人的という形容がふさわしい太子像も生じたのである。

このような神秘化された太子像を確立したのが、平安時代中期に成立した『聖徳太子伝暦《りゃく》』であり、『聖徳太子伝暦』をモチーフとした絵伝をも介して、そんな太子像は広く庶民にまで浸透していった。

太子を批判した近世の儒学者や国学者

その一方で、江戸時代に入ると、礼賛一辺倒の風潮に疑義を呈し、太子に対して批判的な眼差しを向ける識者もあらわれるようになった。

江戸幕府に儒学者として仕えた林羅山《らざん》（一五八三〜一六五七年）は、神道と儒教を融合させた儒家《じゅか》神道の先駆者のひとりで、強烈な排仏主義の立場をとった。

その羅山は、寛永《かんえい》年間（一六二四〜四四年）ごろに著した『本朝神社考』に「厩戸《うまやとの》皇子《みこ》」という項目をもうけ、猛烈な聖徳太子批判を展開している。

曰く、南岳慧思が太子に生まれ変わって日本に仏法を弘めたとする説は、輪廻転生《りんねてんしょう》を説く仏教徒が唱えた妄説にすぎない。四天王寺《してんのうじ》の「太子未来記」も本当に存在するのかどうかあやしい。楠木正成《くすのきまさしげ》が見た未来記というのは、正成が偽作したものではないのか。太子が黒駒に乗って富士山に飛んだという話は、無数の祥瑞神変《しょうずいしんぺん》を起こしたという悉達太子《しったたいし》（出家前の釈尊）の伝記のパクリだろう……。

羅山の舌鋒がとくに鋭くなるのは、物部守屋《もののべのもりや》討伐と崇峻《すしゅん》天皇殺害に触れるくだりである。

守屋は蘇我馬子《そがのうまこ》と太子によって殺害されたが、仏を廃して神国を奉じた守屋はけっして寇賊ではない。守屋は皇嗣に穴穂部皇子《あなほべのみこ》をたてようとして、額田部皇女《ぬかたべのひめみこ》（推古《すいこ》天皇）を推す馬子と対立したが、思うに馬子は、女帝が即位して太子に政《まつりごと》が委ねられ、太子と親しい自分が実権を握るという構想を立てていた。だから、守屋討伐後に思いがけず崇峻天皇が即位すると、馬子は天皇を弑逆《しいぎゃく》して推古女帝を誕生させたのだ。ここでなぜ太子は馬子に味方してしまったのだろうか。太子は皇族なのだから、天皇を殺害した賊である馬子を討つべきであった。守屋は君を弑《しい》したわけではないので、なんの罪もない。太子は、賊である馬子と同志だったのだ――。

「本朝は神国なり」と断言する羅山にとって、邪教である仏教を日本に弘めた聖徳太子は、許されざる人物だったのである。

馬子による崇峻天皇暗殺をめぐっては、儒学者の荻生徂徠《おぎゅうそらい》（一六六六～一七二八年）もやはり女帝擁立をはかった馬子と太子による策謀とみた（新川登亀男『聖徳太子の歴史学』）。

日本固有の文化を重んじる国学の立場からも、太子批判が生じた。

平田篤胤《あつたね》（一七七六～一八四三年）は仏教批判書『出定笑語《しゅつじょうしょうご》』の中で、天皇暗殺を傍観した太子を批難しつつ、太子の作とされる憲法十七条を中国古典の切り貼りにすぎないとなじっている。そして、日本は神国なのに神祇についてまったく触れない憲法は道理に外れたものであり、太子が皇位につけず、子孫がみな絶えたのは、そのせいなのだ――と過激に論じている。

明治に入って再評価された法隆寺

しかし明治時代に入ると、太子を取り巻く環境は大きく変化し、太子像も大きな変容をとげる。

王政復古をとなえ、神道を重視する立場をとった明治新政府は、慶応四年（一八六八）に神仏分離令を発した。それまで千年以上にわたって続いてきた神仏習合という信仰形態を撤廃し、神社と寺院、神と仏、神道と仏教を明確に弁別し、両者に本来の姿を取り戻させようとしたのである。するとこれに触発されるようにして生じたのが廃仏毀釈《はいぶつきしゃく》、すなわち仏教弾圧運動である。

法隆寺はもともと神仏習合色が薄い寺院だったので、神仏分離や廃仏毀釈の影響は比較的薄く、建物や仏像の破却などは生じなかった。だが、財政面では深刻な打撃を受けた。江戸時代までは法隆寺は徳川幕府から一千石の寺禄を受けていたが、明治維新で寺禄が全廃となったからである。新政府からは改めて二百五十石が支給されたが、それも逓減《ていげん》制で、年々少しずつ支給額が減額されてゆく仕組みになっていた。

そのため財政難に陥ったわけだが、その打開策として明治十一年（一八七八）に行われたのが太子ゆかりの宝物の皇室への献納で、その御報として法隆寺は一万円を下賜され、それは法隆寺再興の資金源となった。

この法隆寺献納宝物には、太子親筆と伝えられる「法華《ほけ》経《きょう》義疏《ぎしょ》（法華義疏）」、のちに紙幣に使用されることになる太子像の「唐本御影《とうほんみえい》」（「聖徳太子二王子像」、18ページ参照）、太子所持と伝わる「細字《さいじ》法華経」なども含まれていた。宝物の一部（「法華経義疏」「唐本御影」など）は天皇のお手許に置かれて「御物《ぎょぶつ》」となったが、残りは最終的に宮内省の帰属となった。後者は昭和戦後に国へ移管され、現在は東京国立博物館の法隆寺宝物館に保存・展示されている（約三百件）。

大金を得た代わりに法隆寺は大量の宝物を失ったわけだが、逆にこの動きは法隆寺を聖徳太子ゆかりの古寺として人びとに印象づけ、法隆寺への関心を呼び覚ますことになった。それまでは聖徳太子といえば、大阪の四天王寺《してんのうじ》が信仰の中心だったからである。

そしてこのことはフェノロサや岡倉天心《てんしん》による古美術調査につながり、法隆寺は飛鳥

アーネスト・フェノロサ　アメリカの東洋美術史家・哲学者。明治17年（1884）に夢殿の秘仏・救世観音像の開扉に関わる

時代にさかのぼる貴重な仏教建築・仏教美術の宝庫として再評価されるようになってゆく。

日本の歴史と文化の原点、象徴に、法隆寺が位置づけられるようになったのである。

忠君愛国のシンボルとなった太子

あわせて太子像にも変化がみられた。

明治のなかばになると、『聖徳太子伝暦《りゃく》』をはじめとする従来の説話化された太子伝に疑問を抱く歴史家があらわれるようになり、『日本書紀』や『上宮聖徳法王帝説《じょうぐうしょうとくほうおうていせつ》』などにもとづく実証史学的な太子研究が試みられるようになった。

明治三十八年（一九〇五）刊行の歴史学者・久米邦武《くにたけ》による『上宮太子実録』は、史料批判を加えながら太子関連史料をまとめて太子の生涯を記したもので、太子研究のひとつの画期となった。

また、はやくも明治初年には、小学校の歴史教科書に聖徳太子が登場している。

こうしたなかで、聖徳太子に対する「日本仏教の祖」という従来の見方は改められ、皇太子・摂政《せっしょう》という立場で政治や外交、文化などさまざまな分野で業績を残した不世出の偉人として称賛されるようになっていった。

大正時代の末ごろからは、憲法十七条の説く「和」が日本古来の美徳精神として強調されるようになり、やがてこの言葉は、大戦にあたって国民全員が和合して一丸となるという文脈で理解されるようになった。また、「詔《みことのり》を承《うけたまわ》りては必ず謹め。君は天なり、臣は道なり」（三条）、「私を背きて公に向くは、是《これ》臣の道なり」（十五条）などを根拠に、太子を天皇絶対主義の元祖と見なす風潮もあらわれた。

寺を建て、佛像を作らせて、自ら說法をもし給ひければ、これより、佛教大に弘まりたり、尋て寺大工・佛師・佛畫師・音樂師・瓦師・鐵・盤の製造人等、三韓より次第に入り來りて、工業も亦大に進みたり。

我國、未だ法令の定まれるもの、なかりしを、太子、内外の道をくませられて、憲法十七條を作り奏しけるに、天皇之を頒せられて天下に行はせ給ふ。

此頃、支那は隋の世なりしに、朝廷始て使を彼國に遣はしければ、彼國よりも、使者來りけり、是等は、太子の攝政中にありし事共にて、皆其御計らひなり、然るに、天皇の御位

高等小学校の教科書　明治32年刊『新撰帝国史談』には太子の挿絵とともに、憲法十七条に関する記述がみられる（広島大学図書館）

太子が主導したとされる隋《ずい》との外交は、当時の日本の大陸進出に重ね合わされた。

大正十年（一九二一）には太子千三百年遠忌《おんき》事業が、法隆寺・四天王寺はもとより全国各地で行われ、盛大に太子が顕彰され

た。奇しくも、同じ年に裕仁《ひろひと》皇太子（のちの昭和天皇）は病状が悪化した大正天皇の摂政に就任しているが、国民は、摂政にして皇太子であった聖徳太子の姿を、大正時代の摂政皇太子のそれに投影したのかもしれない。

かくして聖徳太子は忠君愛国のシンボルと化したのである。

敗戦後は平和主義者・民主主義者のシンボルに

しかし、敗戦をへて、太子像はまたも大きく変わった。

国粋主義者的な太子像は抹殺され、今度は「和」を説いた平和主義者・民主主義者としての太子像が喧伝されはじめたのである。

さらに高額紙幣にその肖像が描かれたことから、太子の顔は戦後経済のシンボルとしても国民に広く浸透していった。

もっとも、すでに戦前から太子は紙幣に登場していた。

もっといえば、明治二十年（一八八七）に紙幣に描かれる人物の候補が決定されたとき、その候補には、武内宿禰《たけうちのすくね》、和気清麻呂《わけのきよまろ》、藤原鎌足《かまたり》、菅原道真《すがわらのみちざね》などとともに太子もすでに含まれていた（武田佐知子『信仰の王権　聖徳太子』）。

百円紙幣（乙百円券）　表面右側には唐本御影を原画とした笏（しゃく）を持つ聖徳太子の肖像が描かれており、左側には法隆寺夢殿があしらわれている

他の四人の肖像は実際につぎつぎに紙幣に登場していったが、ようやく太子が登場したのは昭和五年（一九三〇）発行の百円券からである。そのときの肖像画のモデルになったのが、御物となっていた「唐本御影」だ。

ちなみに、この有名な肖像画の由来について、法隆寺僧・顕真《けんしん》が著した鎌倉時代の『聖徳太子伝私記』は「唐人の前に応現した太子を描いたもので、二枚あり、一枚は日本に残され、もう一枚は本国に持ち帰られた」という説と、「唐人ではなく百済《くだら》の阿佐《あさ》太子（五九七年に来日した百済王の王子）の前に応現したものを描いたもの」という説の二つを紹介し、俗形の太子の左右に侍る童子は、山背《やましろの》大兄王《おおえのみこ》と殖栗皇子《えくりのみこ》（太子の弟）だとしている。制作年代については八世紀頃とする説、平安時代の模写とする説があり、太子像と特定することはできないという見方もある。

令和の聖徳太子像とは

ところが戦後になると、GHQの指令により、軍国主義や神道を想起させる肖像を貨幣や切手などに使用することが禁止された。当然、国粋主義の権化の如くみなされていた聖徳太子もブラックリストに載り、追放が検討された。

だがそこで当時の日本銀行の一万田《いちまだ》総裁が、「太子は十七条憲法で『和をもって貴しとなす、さからうことなきをもってむねとなせ』と言っているので、実は平和主義者だったのだ」とGHQを説得し、なんとかパージをまぬかれることができたのだという（前掲書）。

憲法十七条は千三百年の時をへて、太子の一大危機を救ったのである。

その後、太子の肖像は千円券（昭和二十五年から発行）、五千円券（同三十二年から発行）、一万円券（同三十三年から発行）と、つねに最高額の紙幣に描き継がれ、それはかつての絵伝に描かれた超人的な太子像にかわる、国家公認の歴史的偉人としての太子像として普及した。歴史的には、太子像といえば、前近代においては講賛像《こうさん》（経典を講説する姿）、孝養像《こうよう》（父・用明《ようめい》天皇の病気平癒を祈る十六歳時の姿）、南無仏《なむぶつ》太子像（念仏する二歳時の姿）がポピュラーだったが、お札に太子が登場してからは仏教色のない「唐本御影」が太子像のスタンダードになり、太子観の刷新に大きく貢献している。

しかし、昭和五十九年から発行された新紙幣では人物画も一新され、五千円券には新渡戸稲造《にとべいなぞう》、一万円券には福沢諭吉《ゆきち》が描かれ、聖徳太子は漸次、姿を消してゆく。

したがって、今の若い人にとっては聖徳太子の顔はそれほどなじみ深いものではないかもしれない。しかしその分、先入観や偏見を過度にもたずに聖徳太子の実像に迫れるという利点もあろう。

考えてみれば、文献学・歴史学・考古学などを含め、聖徳太子をめぐる史料や情報、研究が今ほど充実している時代はない。

太子像は、その時代の社会の状況をいみじくも反映する。その死から千四百年を迎える令和の時代には、どんな聖徳太子像が育まれることになるのだろうか。

コラム4

聖徳太子＝イエス・キリスト説の真実

「マリアは忽然と現れた天使ガブリエルから、やがて神の子を生むことになると告げられ、処女のまま懐胎した。そして旅先のベツレヘムで臨月を迎え、馬小屋で男の子を生んだ」。

――よく知られている、救世主イエス・キリストの降誕伝説である。

イエスの降誕伝説は、厩《うまや》＝馬小屋の戸のあたりで生まれたという聖徳太子の誕生譚となんとなく似ている。両者には何か関係があるのではないか――というのは、現代であれば、誰もが一度は考えるのではないだろうか。

平安時代成立の太子伝『聖徳太子伝暦《りゃく》』では、ある日、穴穂部間人皇女《あなほべのはしひとのひめみこ》の夢に金色に輝く僧侶――じつは救世観音《くせかんのん》の化身――が現れて、「お腹をお借りしたい」といって彼女の口の中に入り、これによって皇女は太子を身ごもる、という話になっている。これも天使ガブリエルの受胎告知となんとなく似ている。

そもそも、救世主・救世者として人びとの信仰を集めたという点で、イエスと太子は根本的に共通する性格を有しているといえよう。

イエスと聖徳太子の類似を早くから指摘したのは、明治・大正時代に活躍した歴史学者・久米邦武《くにたけ》（一八三九～一九三一年）だ。久米は『上宮《じょうぐう》太子実録』（一九〇五年刊）のなかでこの問題に言及し、飛鳥《あすか》・奈良時代に中国に渡った僧侶が、当時、西域《さいいき》をへて中国にまで伝わっていたキリスト教のことを知り、聖書のイエス伝を太子伝に付会したと考えるのは決して荒唐無稽なことではない、と指摘した。

たしかに、景教《けいきょう》と呼ばれたキリスト教ネストリウス派は七世紀前半には中国に伝わっていたらしく、長安にはまもなく教会も建立された。したがって当然、日本からの遣唐使《けんとうし》が景教に接する機会もあったことだろう。

しかし、久米の見方には問題もある。イエスが馬小屋で生まれたというのはじつは後世になって定着したイメージである。新約聖書（「ルカ福音書」）をよく読むと、「（宿屋に寝るスペースがなかったので）マリアは産んだ男の子を産着にくるんで飼い葉桶に寝かせた」とあるだけで、「馬小屋」は登場しないからである。イエスが生まれた時代、ベツレヘムのあ

キリストの降誕　『ベリー公のいとも豪華なる時禱書』より（15世紀）

聖徳太子像　新井薬師（新井山梅照院）の裏手に立つ16歳時の銅像（東京都中野区）

たりでは人と家畜が同居するスタイルの家屋が多かったというので、マリアが仮の宿とした家もその類だったのかもしれない。つまり正確を期せば、イエスは「厩」で生まれたとは言えない。

イエス伝と太子伝の類似は、たんなる偶然にすぎないのではないだろうか。

　また、太子が誕生した「厩」に対しては「粗末な馬小屋」というイメージを抱きがちかもしれないが、これを誤解とする意見もある。『日本書紀』には、応神《おうじん》天皇の時代、百済《くだら》系渡来人の阿直伎《あちき》が百済の良馬を軽《かる》の坂の上につくられた厩で飼い、同時に太子の菟道稚郎《うじのわきいら》子《つこ》に儒教を講じたという記述がある。つまり、古い時代では、馬を飼う者は知識人であり、厩は教育の場でもあったというのである（石井公成《こうせい》『聖徳太子』）。

　飛鳥時代の馬小屋は、聡明な太子の誕生地にふさわしいハイソな空間だったのではないか。

聖徳太子関連年表〈おもに『日本書紀』による〉

天皇 年	西暦	主な出来事
欽明 一三	五五二	百済の聖明王が仏教を公伝。仏像と経典渡来。蘇我稲目が願って向原の邸を寺として仏像を祀る
敏達 三	五七四	太子誕生（通説による）。父は橘豊日尊、母は穴穂部間人皇女
五	五七六	豊御食炊屋姫尊（後の推古天皇）、皇后となる
一四	五八五	国内に流行した疫病は馬子が仏法を広めたことによるとして、物部守屋が仏塔仏像を焼く。天皇が仏教断絶を詔。後、天皇は馬子ひとりに仏法を許可
		敏達天皇崩御、橘豊日尊即位（用明天皇）
用明 二	五八七	用明天皇崩御。天皇に立とうとした穴穂部皇子（欽明天皇の皇子）とこれを支援する物部守屋が、蘇我馬子らに滅ぼされる
崇峻 一	五八八	泊瀬部皇子即位（崇峻天皇）
		百済から僧・工人らが来日、蘇我馬子が法興寺（飛鳥寺）の造営を開始
崇峻 五	五九二	蘇我馬子が東漢直駒に天皇を暗殺させる
		豊御食炊屋姫尊が豊浦宮で即位（推古天皇）

天皇	年	西暦	主な出来事
推古	一	五九三	天皇、厩戸皇子（聖徳太子）を摂政、皇太子とし、国政を任せる 太子、難波の荒陵に四天王寺を造り始める
	二	五九四	天皇、太子と大臣蘇我馬子に詔して仏教の興隆を図る（三宝興隆の詔）。廷臣が競って仏舎（寺）を造る
	三	五九五	高句麗僧・慧慈来日
	四	五九六	法興寺落成。慧慈と百済僧の慧聡が住する
	九	六〇一	太子、斑鳩に宮を建設
	一一	六〇三	秦河勝が太子から仏像を譲り受け、蜂岡寺（広隆寺）を建立 冠位十二階を制定
	一二	六〇四	憲法十七条を制定
	一三	六〇五	天皇、初めて国産の銅と繍とで丈六の仏像を造ることを詔する。止利仏師を造仏の工に任命 斑鳩宮が完成。太子、宮に移る
	一四	六〇六	丈六の仏像が完成し、銅の仏像を元興寺（飛鳥寺）金堂に安置 太子が天皇に請われて「勝鬘経」を講讃。同年、岡本宮で「法華経」も講じ、播磨国の水田百町を贈られる。太子、これを斑鳩寺（法隆寺）に納める

一五	六〇七	小野妹子を隋に遣わす（遣隋使）
一六	六〇八	妹子帰朝。再び妹子を大使として学生、学問僧らを隋へ派遣
一七	六〇九	妹子ら帰朝
二一	六一三	太子、片岡山で飢人に出会い、衣服を与える
二八	六二〇	太子、馬子とともに天皇記、国記を編纂
三〇	六二二	太子、菩岐々美郎女とともに斑鳩宮で薨去〈『日本書紀』では二九年（六二一）とするが通説は三〇年とする〉
三四	六二六	蘇我馬子逝去、桃原の墓に埋葬
三六	六二八	推古天皇崩御 皇位継承を巡り、山背大兄王（太子の嫡男）を推す境部摩理勢と田村皇子（後の舒明天皇）を推す蘇我蝦夷が争い、摩理勢が殺される
皇極　二	六四三	蘇我入鹿（蝦夷の子）が斑鳩宮の山背大兄王を襲撃。宮が焼失。山背大兄王は一族もろとも自決。上宮王家滅亡する
四	六四五	蘇我入鹿が中大兄皇子（皇極天皇の皇子・後の天智天皇）と中臣鎌足（藤原鎌足）に討たれる。蝦夷も自害〔乙巳の変〕

主要参考文献

小島憲之ほか校注『新編日本古典文学全集　日本書紀』（全三巻）小学館、一九九四～一九九八年
坂本太郎ほか校注『日本書紀』（全五巻）岩波文庫、一九九四～一九九五年
西宮一民校注『新潮日本古典集成　古事記』新潮社、一九七九年
東野治之校注『上宮聖徳法王帝説』岩波文庫、二〇一三年
家永三郎ほか校注『日本思想大系2　聖徳太子集』岩波書店、一九七五年
『大日本仏教全書　第112冊　聖徳太子伝叢書』＊『上宮皇太子菩薩伝』『上宮聖徳太子伝補闕記』『聖徳太子伝暦』『太子伝古今目録抄』『聖徳太子伝私記』『上宮太子拾遺記』などを収録
聖徳太子奉讃会編『聖徳太子全集　第三巻』龍吟社、一九四四年　＊聖徳太子伝の基本史料を収録
竹内理三編『寧楽遺文　下』東京堂、一九四三―四四年　＊『七代記』『唐大和上東征伝』を収録
『大日本仏教全書　第117冊』＊『法隆寺伽藍縁起幷流記資材帳』『法隆寺東院縁起』などを収録
法隆寺昭和資財帳編纂所編『法隆寺史料集成1』ワコー美術出版、一九八三年　＊『法隆寺東院資財帳』などを収録

『伏見宮家九条家旧蔵諸寺縁起集』宮内庁書陵部、一九七〇年　*『四天王寺御手印縁起』『中宮寺縁起』などを収録
『大日本仏教全書　第119冊』　*『広隆寺縁起』『広隆寺資財交替実録帳』などを収録
『聖徳太子伝の研究　飯田瑞穂著作集1』吉川弘文館、二〇〇〇年
斑鳩文化財センター開催特別展『聖徳太子の足跡　斑鳩宮と斑鳩寺』図録（二〇二〇年）
石井公成『聖徳太子　実像と伝説の間』春秋社、二〇一六年
石田尚豊編『聖徳太子事典』柏書房、一九九七年
牛山佳幸『善光寺の歴史と信仰』法蔵館、二〇一六年
大西修也『国宝第一号　広隆寺の弥勒菩薩はどこから来たのか？』静山社文庫、二〇一一年
大山誠一『聖徳太子と日本人』角川ソフィア文庫、二〇〇五年
大山誠一編『日本書紀の謎と聖徳太子』平凡社、二〇一一年
大山誠一編『聖徳太子の真実』平凡社、二〇〇三年
坂本太郎『聖徳太子』吉川弘文館、一九七九年
桜井徳太郎ほか校注『日本思想大系20　寺社縁起』岩波書店、一九七五年
佐々木正『親鸞・封印された三つの真実』洋泉社、二〇〇九年

志水正司『古代寺院の成立』六興出版、一九七九年
新川登亀男『聖徳太子の歴史学』講談社、二〇〇七年
関根淳『六国史以前』吉川弘文館、二〇二〇年
高田良信『法隆寺の謎と秘話』小学館、一九九三年
武田佐知子『信仰の王権　聖徳太子』中公新書、一九九三年
田村圓澄『仏教伝来と古代日本』講談社学術文庫、一九八六年
出口常順ほか『古寺巡礼　西国3　四天王寺』淡交社、一九八一年
東野治之『大和古寺の研究』塙書房、二〇一一年
東野治之『聖徳太子　ほんとうの姿を求めて』岩波ジュニア新書、二〇一七年
直木孝次郎『日本の歴史2　古代国家の成立』中公文庫、一九七三年
名畑應順校注『親鸞和讃集』岩波文庫、一九七六年
奈良県教育会『改訂大和志料』（全三巻）養徳社、一九四四―四六年
日本仏教学会編『聖徳太子研究』平楽寺書店、一九六四年
花山信勝校訳『法華義疏』（上・下）岩波文庫、一九七五年
林豊『古寺巡礼9　聖徳太子の寺を歩く』ＪＴＢパブリッシング、二〇〇七年

林南壽『広隆寺史の研究』中央公論美術出版、二〇〇三年
藤堂明保ほか訳注『倭国伝』講談社学術文庫、二〇一〇年
藤巻一保『厩戸皇子読本』原書房、二〇〇一年
法隆寺編『法隆寺史　上』思文閣出版、二〇一八年
本郷真紹編『日本の名僧1　和国の教主　聖徳太子』吉川弘文館、二〇〇四年
光谷拓実・大河内隆之「年輪年代法による法隆寺西院伽藍の総合的年代調査」、『仏教芸術』三〇八号（二〇一〇年一月刊）所収
吉田一彦編『変貌する聖徳太子』平凡社、二〇一一年
吉村武彦『聖徳太子』岩波新書、二〇〇二年
『聖徳太子伝　太子信仰の世界』太子町立竹内街道歴史資料館、一九九六年　＊一九九六年の同名企画展の解説書
『国宝　天寿国繡帳』東京国立博物館、二〇〇六年
『真宗全書　第34巻』蔵経書院、一九一三―一四年　＊『親鸞聖人正明伝』を収録

編者略歴

瀧音能之（たきおと・よしゆき）

1953年生まれ、駒澤大学文学部歴史学科教授。研究テーマは日本古代史。特に『風土記』を基本史料とした地域史の研究を進めている。主な著書に『風土記と古代の神々』(平凡社)、『出雲古代史論攷』(岩田書院)、『古事記と日本書紀でたどる日本神話の謎』『図説 古代史の舞台裏』『古代日本の実像をひもとく出雲の謎大全』(以上、青春出版社)、『図説 古代出雲と風土記世界』(河出書房新社)、『古代出雲を知る事典』(東京堂出版)、『出雲大社の謎』(朝日新聞出版)など。監修書に『最新発掘調査でわかった「日本の神話」』(宝島社)などがある。

＜本文執筆＞

古川順弘（ふるかわ・のぶひろ）

1970年、神奈川県生まれ。早稲田大学第一文学部卒業。宗教・歴史分野を扱う文筆家・編集者。『人物でわかる日本書紀』(山川出版社)、『古代神宝の謎』(二見書房)、『仏像破壊の日本史』(宝島社)ほか著書多数。

【写真提供】

飛鳥園、斑鳩寺、宮内庁、向原寺、国立国会図書館、写真AC、中宮寺、広島大学図書館、古川順弘、法起寺、法隆寺、法輪寺、山梨県立博物館、Adobe Stock

聖徳太子に秘められた古寺・伝説の謎

正史に隠れた実像と信仰を探る

2021年4月20日　初版第1刷発行

編　　者　瀧音能之

発 行 者　江尻 良

発 行 所　株式会社ウェッジ

〒101-0052 東京都千代田区神田小川町1丁目3番地1
NBF小川町ビルディング3階
電話 03-5280-0528　FAX 03-5217-2661
https://www.wedge.co.jp/　振替00160-2-410636

装　　幀　佐々木博則

組版・地図　辻 聡

印刷・製本　株式会社暁印刷

＊定価はカバーに表示してあります。
＊乱丁本・落丁本は小社にてお取り替えいたします。

ISBN978-4-86310-236-1　C0026